Kostenlose Online-Spiele Entdecken

Hier Erhältlich:

BestActivityBooks.com/FREEGAMES

5 TIPPS FÜR DEN ANFANG!

1) LÖSUNG DER RÄTSEL

Die Puzzles haben ein klassisches Format :

- Die Wörter sind ohne Abstand, Bindetrich usw… versteckt
- Richtung : vor-& rückwärts, auf & ab oder in der Diagonale (beider Richtungen)
- Die Wörter können übereinanderliegen oder sich kreuzen

2) AKTIVES LERNEN

Neben jedem Wort ist ein Abstand vorgesehen zum Aufschreiben der Übersetzung. Um ihre Kenntnisse zu überprüfen und zu erweitern befindet sich am Ende des Buches ein **WÖRTERBUCH**. Suchen sie die Übersetzungen, schreiben sie sie auf, dann können sie sie in den. Puzzles suchen und ihrem Wortschatz hinzufügen.

3) ANZEICHNUNG DER WÖRTER

Haben sie schon einmal versucht eine Anzeichnung zu verwenden? Sie könnten zum Beispiel die Wörter, die schwer zu finden sind, ankreuzen, die Wörter, die sie lieben, mit einem Stern, neue Wörter mit einem Dreieck, seltene Wörter mit einem Diamant usw … anzeichnen

4) IHR LERNEN ORGANISIEREN

Am Ende dieser Ausgabe bieten wir auch ein praktisches **NOTIZBUCH** an. Ob im Urlaub, auf Reisen oder zu Hause, sie können ihr neues Wissen ganz einfach organisieren, ohne ein zweites Notizbuch zu benötigen!

5) SIND SIE AM SCHLUSS ?

Gehen sie zum Bonusbereich : **MONSTER-HERAUSFÖRDERUNG,** um ein kostenloses Spiel zu finden, das am Ende dieser Ausgabe angeboten wird !

Lust auf mehr Spaß und **Lernaktivitäten? Schnell und einfach :** eine ganze Spielbuchsammlung mit einem einzigen Klick erhaltbar :

Mit diesem Link finden sie ihre nächste Herausforderung :

BestActivityBooks.com/MeineNachsteWortsuche

Achtung, fertig, ... Los !!

Wussten sie, dass es auf der Welt ungefähr 7.000 verschiedene Sprachen gibt ? Wörter sind kostbar.

Wie lieben Sprachen und haben schwer daran gearbeitet, die Bücher von höchster Qualität für sie zu entwerfen. Unsere Zutaten ?

Eine Auswahl von angepassten Lernthemen, drei große Scheiben Spaß, dann fügen wir einen Löffel schwieriger Wörter und eine Prise seltener Wörter hinzu. Wir servieren sie mit Sorgfalt und ein Maximum an Freude, damit sie die besten Wortspiele lösen und Spaß am Lernen haben.

Ihre Meinung ist wichtig. Sie können aktiv zum Erfolg dieses Buches beitragen, indem sie uns eine Bemerkung hinterlassen. Sagen sie uns, was ihnen an dieser Ausgabe am besten gefallen hat !!

Hier ist ein kurzer Link, der sie zu ihrer Bewertungsseite führt

BestBooksActivity.com/Rezension50

Vielen Dank für ihre Hilfe und viel Spaß

Linguas Classics

1 - Ozean

```
M I H O E M T G U U K S T C
K E O N M G A R S I O R A H
K R D E I S S Y T L R Y A O
O I E Ú H O R E R L A B V B
R W L V Z Ľ R X I J L Y L O
Y V F N E A X R C D O O O T
T L Í Y Ú T E S E F V C Ď N
N N N H A U Y Ž R A L O K I
A Y K U X N V E Ľ R Y B A C
Č P G B V I Z P M R M Ú U A
K C E K R A I T E O W R F F
A G T A E K H N O G S K P U
P R Í L I V K F F J K A M C
A Y O R H N S R F B R M F L
```

ÚHOR
USTRICE
LOĎ
DELFÍN
RYBY
KREVETY
PRÍLIV
ŽRALOK
KORALOV
KRAB

CHOBOTNICA
MEDÚZA
ÚTES
SOĽ
KORYTNAČKA
HUBKA
BÚRKA
TUNIAK
VEĽRYBA
VLNY

2 - Schule #1

```
Č E S K Ú Š K Y F Z P H W T
C Í R L N L K Z X K C I T K
E U T U Č I T E Ľ S N X A N
R Č Č A D M Ž A D I F I P T
U E Í U Ť V C N Z C R S H B
Z B S K Y O C K I K O T O Y
K Ň L M K K Z V H C P O D D
A A A N X Y O Í N O A L P J
X T B P Y V S Z S B P I O Z
F H J Z P Í S A Ť E I Č V Á
I L A B E C E D A D E K E B
K T M H R I L E X C R A D A
N E I R Á O M Y M C L G E V
M A T E M A T I K A B F W A
```

ABECEDA	OBED
ODPOVEDE	PAPIER
KNIŽNICA	SKÚŠKY
CERUZKA	KVÍZ
KNIHY	PÍSAŤ
UČEBŇA	ZÁBAVA
UČITEĽ	PERÁ
ČÍTAŤ	STOLIČKA
MATEMATIKA	ČÍSLA

3 - Meditation

```
D  Ý  C  H  A  N  I  E  N  M  O  H  P  J
T  I  C  H  O  T  P  O  H  Y  B  U  O  V
X  F  W  Š  R  E  G  D  G  S  K  Č  Z  P
F  E  W  Ť  A  J  V  M  N  E  P  E  O  S
D  E  J  A  S  N  O  S  Ť  Ľ  Z  N  R  K
P  E  R  S  P  E  K  T  Í  V  A  I  N  M
R  M  E  T  J  A  M  M  I  E  R  E  O  Y
I  P  J  I  K  M  I  E  V  R  K  G  S  Š
J  H  O  E  V  Ď  A  Č  N  O  S  Ť  Ť  L
A  U  U  K  M  S  Ú  C  I  T  O  V  E  I
T  D  C  R  O  U  T  F  M  V  Á  B  T  E
I  B  J  B  Y  J  P  G  D  K  U  L  N  N
E  A  W  N  A  N  N  I  I  F  V  V  N  K
K  P  O  V  A  H  A  Ý  X  J  W  W  H  Y
```

PRIJATIE	JASNOSŤ
DÝCHANIE	UČENIE
POZORNOSŤ	SÚCIT
POHYB	HUDBA
VĎAČNOSŤ	POVAHA
MIER	PERSPEKTÍVA
MYŠLIENKY	POKOJNÝ
MENTÁLNY	TICHO
ŠŤASTIE	MYSEĽ

4 - Meisterschaft

```
E  V  E  V  H  F  I  E  L  R  U  E  Y  V
G  Y  M  Í  B  V  D  P  K  I  O  G  N  Ý
M  T  E  Ť  S  T  R  A  T  É  G  I  A  K
A  R  D  A  T  R  É  N  E  R  Y  A  T  O
J  V  A  Z  F  H  R  Y  P  I  O  E  Y  N
S  A  I  S  I  L  P  G  H  T  O  Y  K  A
T  L  L  T  N  T  Í  M  Y  D  K  O  A  L
E  O  A  V  A  M  O  T  I  V  Á  C  I  A
R  S  S  O  L  G  U  D  Ý  C  H  A  Ť  I
C  Ť  U  V  I  J  I  U  N  S  U  F  B  E
X  K  D  Y  S  V  T  J  P  I  G  Y  O  J
N  L  C  A  T  D  Š  P  O  R  T  O  V  É
L  X  A  U  A  H  O  B  T  U  R  N  A  J
M  A  J  S  T  R  O  V  S  T  V  O  C  I
```

DÝCHAŤ   VÝKON
VYTRVALOSŤ   SUDCA
MAJSTER   POT
FINALISTA   VÍŤAZSTVO
LIGA   HRY
TÍM   ŠPORTOVÉ
MEDAILA   STRATÉGIA
MAJSTROVSTVO   TRÉNER
MOTIVÁCIA   TURNAJ

5 - Insekten

```
N  Č  L  J  N  S  C  C  E  Š  V  F  P  G
R  G  E  C  V  R  K  M  C  V  Č  V  L  P
M  C  B  R  I  Š  O  S  A  Á  E  O  G  H
F  F  I  L  V  E  M  B  I  B  L  Š  D  L
G  I  A  J  C  Ň  Á  V  D  B  A  K  U  Z
T  H  B  A  N  H  R  R  L  T  X  A  B  H
I  L  X  H  R  M  A  N  T  I  S  O  W  S
U  A  M  R  A  V  E  C  X  C  E  E  C  C
X  R  K  O  B  Y  L  K  A  H  K  N  I  S
F  V  M  O  T  Ý  Ľ  M  O  R  I  R  K  C
H  A  V  Á  Ž  K  A  W  C  O  G  V  Á  A
T  E  R  M  I  T  B  J  F  B  L  Y  D  B
Y  L  N  W  A  Z  T  M  Z  Á  P  F  A  T
X  H  B  K  Y  T  T  C  N  K  W  X  M  B
```

MRAVEC	VÁŽKA
VČELA	LIENKA
VOŠKA	MOR
BLCHA	KOMÁR
MANTIS	MOTÝĽ
KOBYLKA	TERMIT
SRŠEŇ	OSA
ŠVÁB	ČERV
CHROBÁK	CIKÁDA
LARVA	

6 - Dinosaurier

```
V X G S W K N P Y F K K Z C
F Ý R X E R D R U H O O A H
V O V K X Í Z E D O M R Č V
E L S O W D E H H H Ä I A O
Ľ J T Í J L M I R R S S R S
K N Y S L A E S E O O Ť O T
O O L M F I D T K M Ž J V J
S M P L A Z E O R N R D A S
Ť O N U X X S R A Ý A O N W
D C F I Z R G I P B V H Ý X
A N C P V O K C T V E Ľ K Ý
F Ý A I D O F K O L C L G C
K I P R K V R Ý R M A M U T
B Y L I N O Ž R A V E C H N
```

OMNIVOR	VEĽKÝ
DRUH	VEĽKOSŤ
KORISŤ	MOCNÝ
ZAČAROVANÝ	MAMUT
OHROMNÝ	BYLINOŽRAVEC
ZEM	PREHISTORICKÝ
VÝVOJ	RAPTOR
MÄSOŽRAVEC	PLAZ
KRÍDLA	CHVOST
FOSÍLIE	

7 - Obst

```
P A P Á J A V U M H S A B G
B L U J W N A B A R C V M R
O A S V A C W S L I V K A A
B X N I F B W B I A O I M P
U J A Á A D L X N N G V A E
L S U K N G B K A A A I R F
E C B W P E B H O N H M H R
Č E R E Š Ň A R O Á R E U U
Č E R N I C E O O S U L L I
C I T R Ó N C Z F S Š Ó E T
A V O K Á D O N B M K N R U
F D G O X B G O Z Y A P U
O R A N Ž O V Ý N L E S Ň T
T Y P K O K O S O V Ý D H A
```

ANANÁS	ČEREŠŇA
JABLKO	KIVI
MARHULE	KOKOSOVÝ
AVOKÁDO	MELÓN
BANÁN	ORANŽOVÝ
BOBULE	PAPÁJA
HRUŠKA	BROSKYŇA
ČERNICE	SLIVKA
GRAPEFRUIT	HROZNO
MALINA	CITRÓN

8 - Schule #2

```
V E D A A R B X B B C X N P
K Z A M F V G V U A X B C O
Č N D T L X P H Č Z T I Y Č
Í N I E U Č E N I E Y O B Í
T O N Ž L T R I T P P T H T
A Ž G G N Á Á C E R U Z K A
N N R K K I V D Ľ G B O K Č
I I A F T L C A C C N V A A
E C M C G U M A N M I X L U
H E A T H L P A P I E R E T
L I T E R A T Ú R A E X N O
Z R I V Í K E N D Y I A D B
W T K S L O V N Í K T N Á U
N W A L Z Z L K N I H Y R S
```

KNIŽNICA	ČÍTANIE
VZDELÁVANIE	LITERATÚRA
CERUZKA	PAPIER
AUTOBUS	GUMA
KNIHY	BATOH
POČÍTAČ	NOŽNICE
GRAMATIKA	PERÁ
KALENDÁR	VEDA
UČITEĽ	VÍKENDY
UČENIE	SLOVNÍK

9 - Spielzeuge

```
L Z I K R V L A K M G E C H
I V B T N O R C U N C X X B
E A L O Ď I B Á B I K A T I
T S K J F T H O H L I N A C
A U T O D P K Y T Y V H R Y
D N Á K L A D N É A U T O K
L F U U O S R A B M C O H E
O G O Š P T E K O M O B Á L
B B Z A T E M F A U H Ľ D R
O I V C A L E K Z F O Ú A A
F S C H J K S S I X N B N U
J Z W I G Y L C B V J E K U
M E I B E S Á I N X Y N A E
Y E V N Y T G V D P I Ý N P
```

AUTO	NÁKLADNÉ AUTO
LOPTA	BÁBIKA
LOĎ	HÁDANKA
PASTELKY	ROBOT
KNIHY	ŠACH
BICYKEL	BICIE
OBĽÚBENÝ	HRY
LIETADLO	HLINA
REMESLÁ	VLAK

10 - Camping

```
M A P A T M H X L Y P G S K
H B X C B E T S P P F R W A
K R N T T S T R O M Y G C N
L E S I K I S W V F Z L U O
O H O J D A C I A S I E Ť E
B H M Y Z C B O H V R C H K
Ú Y E M B O V Í A C A S I Y
K P U Ň J S T A N W H K F E
Z Á B A V A K E J A Z E R O
D O B R O D R U Ž S T V O L
N W E N X Y K O M P A S K A
G M X K S A L X G Z D Z C N
X G L O V Z V I E R A T Á O
T X B Z K K R H J K V G S Y
```

DOBRODRUŽSTVO
STROMY
VRCH
OHEŇ
HOJDACIA SIEŤ
KLOBÚK
HMYZ
LOV
KABÍNA
KANOE

MAPA
KOMPAS
MESIAC
POVAHA
JAZERO
LANO
ZÁBAVA
ZVIERATÁ
LES
STAN

11 - Zeit

```
S  K  A  L  E  N  D  Á  R  Á  N  O  U  D
M  T  E  R  A  Z  H  H  O  D  I  N  A  E
Y  T  O  C  U  C  L  V  Č  E  R  A  O  Ň
C  S  D  R  W  T  M  T  N  T  D  T  P  C
M  J  Y  R  O  Z  E  M  Ý  S  E  Y  O  U
C  P  O  Z  S  Č  A  J  N  L  S  V  L  R
M  R  P  X  Z  W  I  P  J  T  A  W  U  G
I  E  Z  R  N  A  X  E  I  Ý  Ť  N  D  G
N  D  S  H  O  D  I  N  Y  Ž  R  E  N  O
Ú  T  Y  I  D  N  E  S  L  D  O  P  I  P
T  X  I  I  A  Z  R  D  G  E  Č  G  E  N
A  H  O  S  C  C  B  F  E  Ň  I  Y  D  R
B  J  C  L  Y  Z  R  O  K  O  E  C  B  W
W  N  B  U  D  Ú  C  N  O  S  Ť  X  I  V
```

VČERA	MESIAC
DNES	RÁNO
ROK	PO
STOROČIE	NOC
DESAŤROČIE	HODINA
ROČNÝ	DEŇ
TERAZ	HODINY
KALENDÁR	PRED
MINÚTA	TÝŽDEŇ
POLUDNIE	BUDÚCNOSŤ

12 - Säugetiere

```
T  I  B  E  B  A  Z  K  O  J  O  T  V  B
Z  I  E  A  D  W  W  R  L  G  J  P  L  O
E  F  G  C  E  D  S  B  D  O  B  Ý  K  B
B  G  K  E  P  O  T  K  A  N  K  B  J  O
R  H  N  K  R  V  E  Ľ  R  Y  B  A  U  R
A  F  U  V  B  H  O  L  C  X  C  W  N  L
M  W  F  O  V  C  E  J  V  Y  W  U  X  Í
Ž  N  Y  W  P  A  N  T  E  R  G  T  P  Š
I  Z  I  W  B  I  N  K  K  K  Ô  Ň  X  K
R  S  E  P  E  S  C  Z  P  K  E  T  W  A
A  M  E  S  R  L  D  A  N  R  W  M  H  M
F  M  Z  P  U  O  D  G  O  R  I  L  A  S
A  A  A  A  Y  N  M  E  D  V  E  Ď  R  T
U  N  N  Z  V  G  E  J  B  C  O  L  E  V
```

OPICA	LEV
MEDVEĎ	PANTER
BOBOR	KÔŇ
SLON	POTKAN
LÍŠKA	OVCE
ŽIRAFA	BÝK
GORILA	TIGER
PES	VEĽRYBA
KLOKAN	VLK
KOJOT	ZEBRA

13 - Astronomie

```
T M E S I A C B B H M E S O
Z E M V E S M Í R Y P P U B
V T L G W M A I T P I H P S
E E A E S Ú H V E Z D I E E
R O S J S J B X N E B A R R
O R T X Y K O M É T A K N V
K X R H M L O V I N A F O A
R H O S V T B P C V S K V T
U V N A S T R O N A U T A Ó
H I Ó S A T E L I T N Ý V R
Y E M W H Z Z R A K E T A I
I Z P K O Z M O S F F H G U
A D P L A N É T A W N Z A M
P A U A S T E R O I D W T V
```

ASTEROID
ASTRONAUT
ASTRONÓM
ZEM
NEBA
KOMÉTA
SÚHVEZDIE
KOZMOS
METEOR
MESIAC

HMLOVINA
OBSERVATÓRIUM
PLANÉTA
RAKETA
SATELITNÝ
HVIEZDA
SUPERNOVA
TELESKOP
ZVEROKRUH
VESMÍR

14 - Ballett

```
S D S Š O T X W P P B Y S Z
B V B T W E U O Z O V C K R
F K A Ý A C E L P T F I L U
J X O L T H P A Ô L L G A Č
O N W A Y N U Z V E Z E D N
S V S N R I B D A S L S A O
B Ó P W D K L T B K B T T S
L E L C L A I N N A A O E Ť
M S W O K M K F Ý S L P Ľ I
R Y T M U S U M E L E C K Ý
F F E O T Y M W A L R W I A
O R C H E S T E R U Í J W H
S K Ú Š K A O G P R N C G W
E X P R E S Í V N Y A X A J
```

PÔVABNÝ
POTLESK
EXPRESÍVNY
BALERÍNA
ZRUČNOSŤ
GESTO
SKLADATEĽ
UMELECKÝ
HUDBA

SVALY
ORCHESTER
SKÚŠKA
PUBLIKUM
RYTMUS
SÓLO
ŠTÝL
TECHNIKA

15 - Strand

```
O P U P V Y D U O K J P U D
P C O J F O K T S K R L Y O
E F E B P T L E T S D A I V
Z N A Á R U K R R A U C B O
W X L O N E C Á O N U H Z L
C M O D R Á Ž K V D J E R E
T R Ď Á A X P I E Á V T V N
U P B Ž C Y I E E L W N P K
O R I D O K E Z O E E I E A
U B N N J A S L N K O C D R
R C H I D F O A W N C A Y A
O P O K K H K L A G Ú N A E
D X U A L Z J D S M M O R E
Ú T E S B U G A M F L W O J
```

MODRÁ
LOĎ
DOK
UTERÁK
OSTROV
KRAB
POBREŽIE
LAGÚNA
MORE

OCEÁN
DÁŽDNIK
ÚTES
PIESOK
SANDÁLE
PLACHETNICA
SLNKO
DOVOLENKA

16 - Restaurant #1

```
H  G  O  P  X  S  N  E  V  B  O  J  V  O
Y  T  W  M  O  C  I  D  E  Z  E  R  T  W
O  K  M  M  Á  K  S  F  N  K  U  R  A  J
J  S  I  O  Z  Č  L  J  E  D  L  O  N  H
R  C  A  C  G  N  K  A  K  J  Z  N  I  D
K  U  C  H  Y  Ň  A  A  D  J  J  L  E  Č
G  Z  B  L  C  P  C  S  E  N  R  T  R  A
A  U  O  I  N  M  E  N  U  M  Í  L  C  Š
R  E  Z  E  R  V  Á  C  I  A  Y  K  W  N
O  X  D  B  O  B  R  Ú  S  O  K  N  O  Í
N  L  J  K  L  O  M  Ä  S  O  Y  Á  T  Č
P  L  N  Ô  Ž  A  L  E  R  G  I  A  V  K
S  M  I  S  K  A  O  M  V  D  B  B  T  A
I  N  W  O  P  I  K  A  N  T  N  É  W  O
```

ALERGIA	KUCHYŇA
CHLIEB	MENU
DEZERT	NÔŽ
JEDLO	REZERVÁCIA
MÄSO	MISKA
KURA	OBRÚSOK
KÁVA	OMÁČKA
POKLADNÍK	TANIER
ČAŠNÍČKA	PIKANTNÉ

17 - Geologie

```
S  T  A  L  A  G  M  I  T  Y  S  E  V  J
Z  A  Z  Y  W  T  E  J  S  S  O  P  K  A
E  W  L  W  M  U  G  R  D  U  Ľ  S  U  S
M  S  O  A  L  Á  V  A  Ó  U  M  D  D  K
E  T  R  K  R  E  M  E  Ň  Z  J  J  L  Y
T  A  O  C  O  K  Y  S  E  L  I  N  A  Ň
R  L  Z  Z  F  N  W  M  N  C  Z  A  P  A
A  A  T  F  T  O  T  K  O  R  A  L  O  V
S  K  A  M  E  Ň  S  I  V  Á  P  N  I  K
E  T  V  Z  H  G  M  Í  N  N  I  X  N  R
N  I  E  Ó  B  Y  V  K  L  E  N  G  T  R
I  T  N  N  J  T  R  V  X  N  N  Z  K  I
E  R  Ý  A  G  E  J  Z  Í  R  E  T  L  W
K  X  U  O  P  L  O  Š  I  N  A  B  G  R
```

ZEMETRASENIE	PLOŠINA
ERÓZIA	KREMEŇ
FOSÍLNE	SOĽ
ROZTAVENÝ	KYSELINA
GEJZÍR	STALAGMITY
JASKYŇA	STALAKTIT
VÁPNIK	KAMEŇ
KONTINENT	SOPKA
KORALOV	ZÓNA
LÁVA	

18 - Wissenschaft

```
F  Ú  P  O  V  A  H  A  K  B  V  R  F  Č
G  O  D  V  F  X  W  B  I  P  C  A  Y  A
R  R  S  A  T  Ó  M  Y  V  E  H  S  Z  S
A  G  O  Í  J  H  E  U  N  W  E  T  I  T
V  A  M  O  L  E  K  U  L  Y  M  L  K  I
I  N  O  V  T  N  R  C  L  I  I  I  A  C
T  I  H  B  B  Y  E  L  X  C  C  N  B  E
Á  Z  M  I  N  E  R  Á  L  Y  K  Y  I  K
C  M  H  Y  P  O  T  É  Z  A  Ý  Z  O  P
I  U  L  A  B  O  R  A  T  Ó  R  I  U  M
A  S  M  E  T  Ó  D  A  V  E  D  E  C  J
C  J  W  A  Z  V  Ý  V  O  J  D  P  U  E
F  A  K  T  E  X  P  E  R  I  M  E  N  T
K  L  Í  M  A  S  B  X  U  R  U  Z  E  S
```

ATÓM	MINERÁLY
CHEMICKÝ	MOLEKULY
ÚDAJE	POVAHA
VÝVOJ	ORGANIZMUS
EXPERIMENT	ČASTICE
FOSÍLNE	RASTLINY
HYPOTÉZA	FYZIKA
KLÍMA	GRAVITÁCIA
LABORATÓRIUM	FAKT
METÓDA	VEDEC

19 - Bildende Kunst

```
P T C Y U H L I E R O M Z F
T O E F I L M S I Z U A L O
K E R A M I K A M M L Ľ O T
T G U T N N X R K O R O Ž O
P D Z H R A E G T C I V E G
N V K X G É P Z K X L A N R
U K A T Y B T G L R S N I A
P E R O G F T G X Z I I E F
P E R S P E K T Í V A E M I
A R C H I T E K T Ú R A D A
U V O Z V Z G U M E L E C A
S T O J A N S E I V A Ľ V S
R A O S O C H A U X K V S S
Z Y D L K T V O R I V O S Ť
```

ARCHITEKTÚRA	LAK
CERUZKA	PERSPEKTÍVA
FILM	PORTRÉT
FOTOGRAFIA	SOCHA
MAĽOVANIE	STOJAN
UHLIE	PERO
KERAMIKA	HLINA
TVORIVOSŤ	VOSK
KRIEDA	ZLOŽENIE
UMELEC	

20 - Sport

```
M  A  J  S  T  R  O  V  S  T  V  O  Y  O
M  U  V  A  H  Í  C  V  Y  D  E  X  T  U
G  W  J  W  R  F  M  U  Š  H  Y  N  S  S
B  E  J  Z  B  A  L  J  P  P  T  S  I  W
N  E  F  X  G  U  Z  P  O  H  Y  B  G  S
G  B  I  C  Y  K  E  L  R  B  K  O  I  B
O  R  Š  X  M  D  D  B  T  H  R  Á  Č  A
L  O  T  T  N  F  N  N  O  A  V  P  Z  S
F  Z  R  V  A  M  R  G  V  Í  Ť  A  Z  K
B  H  É  S  S  D  V  J  E  H  R  A  N  E
E  O  N  A  T  V  I  C  C  Y  O  C  I  T
K  D  E  N  I  M  U  Ó  H  O  K  E  J  B
M  C  R  J  K  F  X  U  N  B  P  D  M  A
N  A  C  Z  A  R  B  B  V  F  S  U  W  L
```

ŠPORTOVEC	TÍM
BEJZBAL	MAJSTROVSTVO
BASKETBAL	ROZHODCA
POHYB	HRA
HOKEJ	HRÁČ
BICYKEL	ŠTADIÓN
VÍŤAZ	TENIS
GOLF	TRÉNER
GYMNASTIKA	

21 - Mythologie

```
H  P  O  M  S  T  A  C  N  A  S  G  J  N
R  R  A  I  S  R  O  L  E  G  E  N  D  A
O  Í  D  W  V  B  L  E  S  K  T  W  S  A
M  Š  I  I  L  A  Y  I  M  Ľ  U  V  N  M  U
L  E  F  I  N  T  V  O  R  L  O  H  R  B
X  R  V  Z  V  A  R  D  T  T  R  R  T  O
N  A  O  J  S  R  T  E  E  Ú  B  D  E  J
V  E  G  D  N  C  N  V  Ľ  R  A  I  Ľ  O
I  S  B  W  A  H  I  R  N  A  X  N  N  V
B  L  P  O  W  E  P  O  O  Z  W  K  Ý  N
M  G  F  T  H  T  L  J  S  I  L  A  B  Í
W  S  C  Y  K  Y  L  C  Ť  V  C  W  L  K
U  P  G  V  X  P  L  A  B  Y  R  I  N  T
Ž  I  A  R  L  I  V  O  S  Ť  P  U  I  X
```

ARCHETYP
BLESK
HROM
ŽIARLIVOSŤ
HRDINA
HRDINKA
NEBO
TVORBA
TVOR

BOJOVNÍK
KULTÚRA
LABYRINT
LEGENDA
PRÍŠERA
POMSTA
SILA
SMRTEĽNÝ
NESMRTEĽNOSŤ

22 - Restaurant #2

```
V J V O X S K P Z S O Ľ I Y
S R E Z A N C E K O U B N Ľ
R Y G W H B M V F B H P E A
V B S V A N O P W S N R K D
I Y P O L I E V K A D E T B
D J M D R X J A I P C D O K
L N U A L A H O D N Ý J R J
I Y P V E Č E R A Á R E T K
C E Ž U U A A K D P Y D A O
A P I I J M B Š Z O Y L I R
S G I C C C V H N J Z O U E
F V Y O Š A L Á T Í T N V N
S T O L I Č K A E J K W D I
Z E L E N I N A O V O C I E
```

VEČERA
ĽAD
RYBY
OVOCIE
VIDLICA
ZELENINA
NÁPOJ
KORENIE
ČAŠNÍK
LAHODNÝ

TORTA
LYŽICA
OBED
REZANCE
ŠALÁT
SOĽ
STOLIČKA
POLIEVKA
PREDJEDLO
VODA

23 - Ökologie

```
T  Z  W  V  K  O  M  U  N  I  T  Y  U  D
D  U  B  P  O  V  A  H  A  F  X  C  D  O
M  R  R  A  S  T  L  I  N  Y  I  F  R  B
M  O  U  W  E  I  N  F  E  L  G  U  Ž  R
O  Z  Č  H  F  H  P  E  K  L  Í  M  A  O
R  V  H  I  Z  D  R  O  J  E  H  V  T  V
S  F  O  H  A  P  I  P  V  M  F  E  E  O
K  A  R  S  P  R  R  C  W  H  L  G  Ľ  Ľ
Ý  U  Y  U  E  A  O  E  N  A  Ó  E  N  N
L  N  G  C  R  G  D  H  Ž  B  R  T  Ý  Í
D  A  P  H  P  L  Z  H  T  I  A  Á  G  C
M  K  X  O  H  Z  E  A  A  T  T  C  V  I
G  L  O  B  Á  L  N  Y  I  A  U  I  W  S
G  B  P  M  D  A  Ý  W  I  T  V  A  E  I
```

DRUH	MORSKÝ
HORY	UDRŽATEĽNÝ
SUCHO	POVAHA
FAUNA	PRIRODZENÝ
FLÓRA	RASTLINY
DOBROVOĽNÍCI	ZDROJE
KOMUNITY	MOČIAR
GLOBÁLNY	PREŽITIE
KLÍMA	VEGETÁCIA
HABITAT	

24 - Schokolade

```
T K P W S L A D K Ý N P S A
C A R O B Ľ Ú B E N Ý F E N
U K Á L A H O D N Ý W C O T
K A Š K A R Ó M A Z Z N U I
O O O O A W K V A L I T A O
R G K K Y L R A E W Y K F X
J D O O O Ó E R R D O Z I
Z J E S Ť Z P R C A E T T D
R N H O R K Ý G I E M X A A
W P X V M I N V G E P E D N
E V B Ý Z L O Ž K A C T L T
R E M E S E L N É X H V K R
E X O T I C K Ý E N U D F E
A R A Š I D Y A A I Ť W D B
```

ANTIOXIDANT
ARÓMA
HORKÝ
ARAŠIDY
JESŤ
EXOTICKÝ
OBĽÚBENÝ
CHUŤ
REMESELNÉ
KAKAO

KALÓRIE
KARAMEL
KOKOSOVÝ
LAHODNÝ
PRÁŠOK
KVALITA
RECEPT
SLADKÝ
CUKOR
ZLOŽKA

25 - Boote

```
J A C H T A T U D D L A N O
T W T V D J R X A O C E Á N
E I Y D G M A V A K O S E P
P L V U W X J Z L X T T S L
R K O T V A E K E N U O M U
B A F L S J K W P R Y Ž O N
M N F E D O T M W P O I T Á
O O K T P K X F I I B A O M
R E K L I F E B O A T R R O
E B A B K W T Ó N Y S R V R
Y K J T E X F J C S B I S N
G N A Y P R J A Z D H E P Ý
E Y K S P O S Á D K A K D C
P L A C H E T N I C A A E H
```

KOTVA	MORE
BÓJA	MOTOR
POSÁDKA	NÁMORNÝCH
DOK	OCEÁN
TRAJEKT	LIFEBOAT
RAFT	JAZERO
RIEKA	PLACHETNICA
KAJAK	LANO
KANOE	VLNY
STOŽIAR	JACHTA

26 - Stadt

```
L X J M A G X A M R S B K E
F E K N Í H K U P E C T V O
G Š T A D I Ó N A Š P M E T
S A D I V A D L O T E Ú T R
G U L S S U O K M A K Z I H
B G P É Š K O L A U Á E N O
I B L E R U O C K R R U Á T
B I B D R I G H L Á E M R E
U Y A M U M A M I C Ň I S L
U M N M H V A P N I F G T L
L E K Á R E Ň R I A U D V V
V B A O E M L G K I N O O Z
E K N I Ž N I C A E J B A O
U N I V E R Z I T A T A R O
```

LEKÁREŇ	KLINIKA
BANKA	TRH
PEKÁREŇ	MÚZEUM
KNIŽNICA	REŠTAURÁCIA
KVETINÁRSTVO	ŠKOLA
KNÍHKUPECTVO	ŠTADIÓN
LETISKO	SUPERMARKET
GALÉRIA	DIVADLO
HOTEL	UNIVERZITA
KINO	ZOO

27 - Aktivitäten

```
Z O B R A Z Y O G K T Y M H
Á R Č I N N O S Ť E E D N H
H K U M R L M D T R Z M X R
R Ú M Č T O E S J A K S P Y
A Z E Í N V C Y A M G U L P
D L N T V O Š I T I E R E O
N O I A H Ľ S G U K J E T T
Í J E N P N A Ť I A E L E E
C U D I T Ý M N P W P A N Š
T A N E C Č Z W I L R X I E
V F F Z V A E L V R O Á E N
O T U R I S T I K A V C C I
I N S R Y B O L O V C I C E
L L N Z R E M E S L Á A Z Z
```

ČINNOSŤ	UMENIE
RYBOLOV	REMESLÁ
KEMP	ČÍTANIE
RELAXÁCIA	KÚZLO
ZRUČNOSŤ	ŠITIE
VOĽNÝ ČAS	HRY
ZÁHRADNÍCTVO	PLETENIE
OBRAZ	TANEC
LOV	POTEŠENIE
KERAMIKA	TURISTIKA

28 - Bienen

```
S  F  Z  Á  H  R  A  D  A  K  C  B  M  H
L  L  O  M  F  O  A  J  P  R  P  R  W  A
N  P  O  R  G  J  J  S  O  Í  D  Y  M  B
K  V  E  T  Y  X  Y  Y  T  D  T  I  B  I
O  O  E  Ľ  J  M  G  R  L  L  K  V  E  T
V  P  K  J  T  M  E  L  G  A  I  T  I  A
O  E  O  H  M  Y  Z  D  R  V  D  N  E  T
C  Ľ  S  P  R  O  S  P  E  Š  N  Ý  Y  W
I  O  Y  Y  K  R  I  R  C  B  U  Z  P  F
E  V  S  R  X  E  K  R  Á  Ľ  O  V  N  Á
G  A  T  L  Ú  Ľ  C  W  T  Y  D  F  I  R
I  Č  É  R  Ô  Z  N  O  R  O  D  O  S  Ť
G  O  M  L  C  O  W  M  N  G  X  W  R  O
I  V  O  S  K  M  P  R  B  Z  Y  V  G  T
```

OPEĽOVAČOV	HABITAT
ÚĽ	EKOSYSTÉM
KVETY	RASTLINY
KVET	PEĽ
KRÍDLA	DYM
OVOCIE	ROJ
ZÁHRADA	SLNKO
MED	RÔZNORODOSŤ
HMYZ	PROSPEŠNÝ
KRÁĽOVNÁ	VOSK

29 - Wissenschaftliche Disziplinen

```
B  E  C  H  É  M  I  A  K  K  A  K  B  P
Z  O  K  X  W  T  K  K  Y  I  S  L  I  S
M  G  T  O  N  G  Y  H  L  N  T  G  O  Y
Y  E  M  A  L  W  J  N  U  E  R  H  C  C
U  O  T  M  N  Ó  W  L  M  Z  O  A  H  H
U  L  Z  I  E  I  G  M  H  I  N  N  É  O
F  Ó  X  D  W  C  K  I  J  O  Ó  A  M  L
T  G  O  C  H  T  H  A  A  L  M  T  I  Ó
B  I  O  L  Ó  G  I  A  S  Ó  I  Ó  A  G
W  A  O  W  I  D  T  R  N  G  A  M  B  I
M  I  N  E  R  A  L  Ó  G  I  A  I  A  A
F  Y  Z  I  O  L  Ó  G  I  A  K  A  H  O
S  O  C  I  O  L  Ó  G  I  A  A  A  I  K
L  I  N  G  V  I  S  T  I  K  A  C  C  D
```

ANATÓMIA
ASTRONÓMIA
BIOCHÉMIA
BIOLÓGIA
BOTANIKA
CHÉMIA
GEOLÓGIA
KINEZIOLÓGIA

LINGVISTIKA
MECHANIKA
MINERALÓGIA
EKOLÓGIA
FYZIOLÓGIA
PSYCHOLÓGIA
SOCIOLÓGIA

30 - Vögel

```
K U U M V R A B E C H A X G
J A P L A M E N I A K U T O
K V E E J H P V H Z A K S H
H U Y H E V O R O L Č U B A
Z F K T C S X A L J I R M V
C A E U I N V N U H C A P R
L C C Č Č Y V A B M A Z E A
G J Y N S K Č O S O V A L N
L A X I J V A F L F E A I W
P A P A G Á J P V A O X K O
L S V K P W K Á M O V Y Á V
B M U E S M A V W Z D K N S
Z L A B U Ť B O C I A N A D
B G T G Y R J Z H N P B A O
```

OROL	PAPAGÁJ
VAJEC	PELIKÁN
KAČICA	PÁV
SOVA	TUČNIAK
PLAMENIAK	HAVRAN
HUS	VOLAVKA
KURA	LABUŤ
VRANA	VRABEC
KUKUČKA	BOCIAN
ČAJKA	HOLUB

31 - Garten

```
V  R  S  F  A  H  R  A  B  L  E  H  Y  J
S  E  T  R  V  C  Y  P  L  O  T  O  M  T
T  T  R  Á  V  A  B  M  H  L  S  J  T  E
K  C  O  A  A  U  N  R  H  Y  M  D  E  R
B  F  M  C  N  Y  Í  F  L  O  P  A  T  A
J  P  A  Y  P  D  K  E  R  X  U  C  T  S
G  A  R  Á  Ž  I  A  G  E  T  A  I  R  A
R  L  T  R  A  M  P  O  L  Í  N  A  Á  L
B  P  Ô  D  A  Y  H  K  O  X  P  S  V  A
W  U  Z  G  N  D  A  E  V  N  Z  I  N  V
P  O  R  R  M  P  D  F  O  E  V  E  I  I
S  T  S  I  F  O  I  S  K  Z  T  Ť  K  Č
A  S  B  S  N  P  C  W  P  O  Z  O  V  K
D  Y  C  J  X  Y  A  Z  Á  H  R  A  D  A
```

LAVIČKA	TRÁVNIK
STROM	HRABLE
KVET	LOPATA
PÔDA	HADICA
KER	RYBNÍK
GARÁŽ	TERASA
ZÁHRADA	TRAMPOLÍNA
TRÁVA	BURINY
HOJDACIA SIEŤ	VERANDA
SAD	PLOT

32 - Antarktis

```
O P M L C G G Z G V K G T F
C O Z I C X O Á E E O Ľ O W
H Č C F N G S L G T N A P A
R A M M K E P I P R T D O F
A S I D I O R V P Y I O G F
N I G V K G O Á O S N V R V
A E R W Y R S T L X E C A Ý
V T Á K Y A T E O Y N E F S
N X C U A F R P S V T P I K
D V I C D I E L T O O Y A U
F B A F Ľ A D O R S S D D M
B M W H Y Y I T O E Y U A N
F I P Z D D E A V X I N M Í
E X P E D Í C I A K O Y A K
```

ZÁLIV	MIGRÁCIA
ĽAD	MINERÁLY
OCHRANA	TEPLOTA
EXPEDÍCIA	TOPOGRAFIA
VÝSKUMNÍK	PROSTREDIE
GEOGRAFIA	VTÁKY
ĽADOVCE	VODA
POLOSTROV	POČASIE
KONTINENT	VETRY

33 - Fahren

```
J  Z  J  B  E  Z  P  E  Č  N  O  S  Ť  F
Y  D  W  P  L  I  C  E  N  C  I  A  V  N
M  W  P  K  T  U  N  E  L  W  A  Y  C  N
M  O  D  R  U  O  E  V  F  T  E  O  M  Á
X  T  T  R  Ý  C  H  L  O  S  Ť  A  S  K
N  P  B  O  X  M  O  T  O  R  T  H  D  L
M  L  R  K  C  I  D  D  O  P  R  A  V  A
U  Y  Z  E  H  Y  A  V  N  E  H  U  G  D
P  N  D  L  P  B  K  D  K  Š  J  T  P  N
M  T  Y  Y  U  R  D  E  O  E  W  O  A  É
G  A  R  Á  Ž  L  A  R  L  J  H  B  L  A
D  R  P  S  H  F  U  V  M  M  Y  U  I  U
Z  U  E  A  O  D  T  B  A  S  T  S  V  T
Y  K  B  G  H  P  O  L  Í  C  I  A  O  O
```

AUTO	NÁKLADNÉ AUTO
BRZDY	MOTOR
PALIVO	MOTOCYKEL
AUTOBUS	POLÍCIA
PEŠEJ	BEZPEČNOSŤ
GARÁŽ	PREPRAVA
PLYN	TUNEL
RÝCHLOSŤ	NEHODA
MAPA	DOPRAVA
LICENCIA	

34 - Bücher

```
D Z E P O S T R A N A E C V
U O P X U N É P B B B T T Y
A R R H U M O R N Ý P K W N
L K Í I T R A G I C K Ý D A
I O B S D T X F V A M T C L
T N E T R O Z P R Á V A Č I
A T H O F O Z B I E R K A E
S E G R K W M P Í S A N Ý Z
B X L I T E R Á R N Y E M A
Á T R C K T C A N A T D V V
S J L K K W B H T C U C K Ý
E W Z Ý Č I T A T E Ľ T H T
Ň F V E V P O É Z I A T O G
D O B R O D R U Ž S T V O R
```

DOBRODRUŽSTVO   HUMORNÝ
AUTOR   ZBIERKA
DUALITA   KONTEXT
EPOS   ČITATEĽ
VYNALIEZAVÝ   LITERÁRNY
ROZPRÁVAČ   POÉZIA
BÁSEŇ   ROMÁN
PRÍBEH   STRANA
PÍSANÝ   SÉRIA
HISTORICKÝ   TRAGICKÝ

35 - Menschlicher Körper

```
F  R  K  R  K  D  S  B  R  N  X  Ú  Č  R
U  T  O  N  O  H  A  R  N  A  D  S  E  U
O  P  Ž  O  O  U  C  A  D  U  G  T  Ľ  K
V  Y  A  F  J  S  O  D  Y  C  P  A  U  A
D  J  Č  O  J  R  N  A  D  H  E  V  S  F
R  K  Z  L  V  E  H  V  H  O  W  E  Ť  Z
A  R  N  Z  E  G  B  N  R  S  O  O  O  V
M  O  Z  O  G  N  K  D  H  U  L  V  E  F
E  W  S  I  V  P  O  S  L  E  S  A  K  M
N  E  W  G  F  R  L  K  A  V  L  E  M  I
O  G  C  U  W  S  E  R  V  G  H  Y  D  B
L  A  K  E  Ť  T  N  V  A  W  J  J  N  A
U  I  O  H  Z  X  O  C  U  E  G  O  G  O
J  A  Z  Y  K  K  T  V  Á  R  M  W  P  B
```

NOHA	ČEĽUSŤ
KRV	BRADA
LAKEŤ	KOLENO
PRST	ČLENOK
MOZOG	HLAVA
TVÁR	ÚSTA
KRK	NOS
RUKA	UCHO
KOŽA	RAMENO
SRDCE	JAZYK

36 - Klettern

```
R F O R P M J M B O K T M P
C U Y P P U S A J Ú H E V R
H T K Z W X R P S Z A R Z I
J U Y A I P S A I K E É V L
I R S T V C E K L Y Y N E B
Č I Ž M Y I K R A L Z Ň D A
L S Y O T B C Ý W N B I A H
A T Z S X Z B E T P M D V E
T I C F L U P U R W O R O N
N K N É R W G N É Z M K S I
H A X R A P Z T N F A T Ť H
Z G C A S T A B I L I T A W
O D B O R N Í K N F G P V M
Z R A N E N I E G H V G D C
```

ATMOSFÉRA   ZVEDAVOSŤ
TRÉNING   FYZICKÝ
ODBORNÍK   ÚZKY
TERÉN   STABILITA
RUKAVICE   SILA
PRILBA   ČIŽMY
JASKYŇA   ZRANENIE
MAPA   TURISTIKA

37 - Landschaften

```
I  T  U  N  D  R  A  U  E  P  G  R  O  P
T  G  R  C  R  L  I  A  M  L  E  K  S  O
Ľ  A  D  O  V  E  C  E  V  Á  J  P  T  L
Y  P  K  Á  P  X  J  Ú  K  Ž  Z  E  R  O
K  E  F  Z  V  R  C  H  D  A  Í  C  O  S
M  A  X  A  B  X  E  G  M  O  R  E  V  T
O  D  L  X  J  A  Z  E  R  O  L  Y  I  R
Č  N  O  G  A  Y  X  Á  J  G  Z  I  X  O
I  P  Y  H  S  U  V  X  L  Y  D  H  E  V
A  Ú  P  U  K  V  W  K  T  I  W  C  L  G
R  Š  A  E  Y  T  C  O  U  Z  V  U  Y  E
N  Ť  L  L  Ň  G  L  P  L  A  G  Ú  N  A
P  Y  X  X  A  Z  S  E  S  O  P  K  A  W
V  O  D  O  P  Á  D  C  I  H  S  N  O  S
```

VRCH	MORE
ĽADOVEC	OÁZA
RIEKA	JAZERO
GEJZÍR	PLÁŽ
ZÁLIV	MOČIAR
POLOSTROV	ÚDOLIE
JASKYŇA	TUNDRA
KOPEC	SOPKA
OSTROV	VODOPÁD
LAGÚNA	PÚŠŤ

38 - Abenteuer

```
O  I  T  I  N  E  R  Á  R  L  N  C  E  N
P  B  Z  I  P  M  I  R  Y  E  E  E  I  E
R  W  T  B  E  Z  P  E  Č  N  O  S  Ť  B
Í  W  K  I  N  N  O  V  Ý  R  B  T  R  E
P  P  R  I  A  T  E  L  I  A  V  U  D  Z
R  A  H  E  V  Ž  O  M  V  D  Y  J  Š  P
A  I  W  I  I  B  N  I  M  O  K  E  A  E
V  U  D  P  G  J  W  O  S  S  L  K  N  Č
A  O  K  R  Á  S  A  I  S  Ť  Ý  B  C  N
C  I  E  Ľ  C  X  L  W  V  Ť  I  G  A  Ý
O  P  E  U  I  P  O  V  A  H  A  P  B  N
T  R  Y  N  A  J  E  X  K  U  R  Z  I  A
S  T  A  T  O  Č  N  O  S  Ť  E  Z  W  Z
M  Č  I  N  N  O  S  Ť  U  B  U  X  K  W
```

ČINNOSŤ
EXKURZIA
ŠANCA
RADOSŤ
PRIATELIA
NEBEZPEČNÝ
POVAHA
NAVIGÁCIA
NOVÝ

CESTUJE
ITINERÁR
KRÁSA
OBTIAŽNOSŤ
BEZPEČNOSŤ
STATOČNOSŤ
NEOBVYKLÝ
PRÍPRAVA
CIEĽ

39 - Flugzeuge

```
V T U R B U L E N C I A F D
Ý I U P A L I V O R E C F O
Š Y M O T O R A A L Y A O B
K H I S T Ó R I A K K X R R
A O A Á C E S T U J Ú C I O
N J H D R S X V O D Í K D D
P G E K P O Č A S I E V I R
I I Y A X F R J N N L Z Z U
D R L V R T U L E K D D A Ž
E W Z O S T U P B S J U J S
A M S Z T N R W A A N C N T
N A V I G O V A Ť N L H K V
K O N Š T R U K C I A Ó F O
A T M O S F É R A N A T N E
```

DOBRODRUŽSTVO	KONŠTRUKCIA
ZOSTUP	VZDUCH
ATMOSFÉRA	MOTOR
BALÓN	NAVIGOVAŤ
PALIVO	CESTUJÚCI
POSÁDKA	PILOT
DIZAJN	VRTULE
HISTÓRIA	TURBULENCIA
NEBA	VODÍK
VÝŠKA	POČASIE

40 - Haartypen

```
K  R  Á  T  K  Y  C  D  B  J  S  T  I  Y
S  U  C  H  Ý  Z  S  T  R  I  E  B  R  O
P  C  Č  M  Ä  K  K  Ý  K  H  E  P  R  J
L  B  T  E  N  K  Ý  T  U  G  O  L  W  V
E  Z  Z  D  R  A  V  Ý  Č  V  Y  E  Y  R
Š  E  D  Á  H  Y  T  Z  E  L  T  T  A  K
A  O  M  N  U  N  A  A  R  N  D  E  D  Ô
T  B  L  O  N  D  E  V  A  I  L  N  X  Č
Ý  P  U  B  S  F  R  D  V  T  H  É  X  I
Č  I  E  R  N  Y  W  J  Ý  Ý  Ý  M  U  K
F  A  R  E  B  N  É  X  O  P  K  A  E  Y
H  R  U  B  Ý  J  B  S  A  U  W  I  R  Z
G  A  E  S  R  U  I  A  Y  U  F  D  M  H
D  B  H  L  Z  T  W  X  G  L  S  Y  S  C
```

BLOND   DLHÝ
HNEDÝ   KUČERY
HRUBÝ   KUČERAVÝ
TENKÝ   ČIERNY
FAREBNÉ   STRIEBRO
PLETENÉ   SUCHÝ
ZDRAVÝ   MÄKKÝ
ŠEDÁ   BIELY
PLEŠATÝ   VLNITÝ
KRÁTKY   VRKÔČIKY

41 - Essen #1

```
R K A A V K V A K A C B C G
U V E H U O O M R K V A U V
M L I E K O I L B A A L K N
Ä F Y Y X F C T T S Š U O Š
S O Ľ Š K O R I C A B I R Ť
O B Z E I O Y U T E E B D A
C A P J A H O D A R S T M V
I Z D B L R Y D R G Ó N H A
B A L T T U N I A K H N A F
U L M P F Š P E N Á T F H K
Ľ K Á V A K P O L I E V K A
A A H O L A H J H W Y N I O
Š A L Á T M K I N W J S X O
A O S B T R S I A D J H G B
```

BAZALKA	ŠŤAVA
HRUŠKA	ŠALÁT
JAHODA	SOĽ
ARAŠID	ŠPENÁT
MÄSO	POLIEVKA
KÁVA	TUNIAK
MRKVA	ŠKORICA
CESNAK	CITRÓN
MLIEKO	CUKOR
KVAKA	CIBUĽA

42 - Gebäude

```
A J X S U N I V E R Z I T A S
S C S U S T O D O L A X O R
M Z V P M Ú Z E U M S Š V H
H D U E H P B Z K H T T Á O
W R U R Ž F C B J M A A R T
X I J M G A R Á Ž S N D E E
W R R A L R G Y K M W I Ň L
N Y W R P M C H P X S Ó H K
D O M K W A Š K O L A N U G
K H W E B P R A R S M K X Y
S K Z T R A A B D U T A L K
D I V A D L O Í V L R E C I
M N N E M O C N I C A G L O
P O B S E R V A T Ó R I U M
```

FARMA
TOVÁREŇ
GARÁŽ
DOM
HOSTEL
HOTEL
KABÍNA
KINO
NEMOCNICA
MÚZEUM

OBSERVATÓRIUM
STODOLA
ŠKOLA
ŠTADIÓN
SUPERMARKET
DIVADLO
VEŽA
UNIVERZITA
STAN

43 - Angeln

```
Y V L P Ž I A B R E W J A D
I O W L P E P M L O Ď A N R
X D I Á G R U R R D C Z J B
K A P Ž N L E E K R I E K A
J Ô E C V L T H I Ô U R Á K
P X Š U Á T B L Á T B O J N
U L G E H O N Y U Ň I E Y B
E D T W Y H Á Č I K A U K G
U C U J Z A R I A D E N I E
H M O T N O S Ť M P S H I N
O P P L U T V Y D X M D C E
V C W Č E Ľ U S Ť O U Z D A
N Á V N A D A M T K X B T J
T R P E Z L I V O S Ť Z A C
```

ZARIADENIE	ŽIABRE
LOĎ	KÔŠ
DRÔT	NÁVNADA
PLUTVY	OCEÁN
RIEKA	JAZERO
TRPEZLIVOSŤ	PLÁŽ
HMOTNOSŤ	PREHÁŇANIE
HÁČIK	VÁHY
ČEĽUSŤ	VODA

44 - Regenwald

```
Z G E D O E B P M C K S R D
P B G B Ž B R T A M O X C O
O R R J I U L K C L R U I M
V O E N G P N A H M Y Z C O
A B Š Ž L B K G K L Í M A R
H I P E I O F J L Y H H V O
A E E N V T Á K Y E Z S C D
X B K L W A I K G B L M E Ý
B D T D N N D E M B T S C L
O B O J Ž I V E L N Í K Y E
B D V S B C E N N Ý D R U H
Z Z A C U K K O M U N I T A
V F Ť F O Ý Ú T O Č I S K O
R Ô Z N O R O D O S Ť G E F
```

OBOJŽIVELNÍKY	POVAHA
DRUH	REŠPEKTOVAŤ
BOTANICKÝ	CICAVCE
DŽUNGLE	PREŽITIE
DOMORODÝ	RÔZNORODOSŤ
KOMUNITA	VTÁKY
HMYZ	CENNÝ
KLÍMA	OBLAKY
MACH	ÚTOČISKO

45 - Essen #2

```
B S Y R R Z W H U B A B J P
B A K B Y Č E R E Š Ň A O Š
R R N C B Ž M L V X J K G E
Y T K Á Y W A F E B D L U N
C I V G N E N Z F R P A R I
E Č L K Z F D V E O I Ž T C
P O E H I C L D V K J Á V A
H K H N G F E L S O W N W A
R I Z T B Č O K O L Á D A S
S D Š U N K A K I I V F T F
C H L I E B L X Y C A P C X
A W F U P A R A D A J K A M
B I U J A B L K O L E R I I
Š P A R G Ľ A D G E C F I B
```

JABLKO	ČEREŠŇA
ARTIČOK	MANDLE
BAKLAŽÁN	HUBA
BANÁN	RYŽA
BROKOLICA	ŠUNKA
CHLIEB	ČOKOLÁDA
VAJEC	ZELER
RYBY	ŠPARGĽA
JOGURT	PARADAJKA
SYR	PŠENICA

46 - Familie

```
T E L A C I B M A N Ž E L O
Y H A N E T E R O V T D F T
S T R Ý K O C W I N E E B E
B C V E A M T F C U T T R C
N U G L B A B I Č K A S A P
B R A T T T M R Y C W T T R
L U W D Z K S A L J H V R E
G D I E Ť A C E T L B O A D
Y C E D X P A D S I W X N O
D É U K J V V Z R T E B E K
B R B O O E S G S L R K C D
I A M A N Ž E L K A R A S Z
O T C O V S K É X R F N M W
F F V N D R S Y N O V E C B
```

BRAT
MANŽELKA
MANŽEL
VNUK
BABIČKA
DEDKO
DIEŤA
DETSTVO
MATKA
MATIEK

SYNOVEC
NETER
STRÝKO
SESTRA
TETA
DCÉRA
OTEC
OTCOVSKÉ
BRATRANEC
PREDOK

47 - Pflanzen

```
B  K  E  R  B  J  O  O  K  V  E  T  P  P
R  X  K  N  B  Z  Á  H  R  A  D  A  N  R
E  K  T  J  L  S  W  S  B  B  K  I  I  F
Č  B  O  B  U  L  E  M  B  U  M  T  Y  L
T  Y  V  C  K  Í  B  B  M  A  C  H  U  S
A  L  E  S  O  S  A  O  A  N  V  T  O  S
N  I  G  F  R  T  Y  V  T  M  G  U  S  T
B  N  E  A  E  O  L  B  K  A  B  B  N  R
W  A  T  Z  Ň  K  E  I  L  V  N  U  D  O
T  V  Á  U  B  F  U  M  J  Z  Y  I  S  M
R  H  C  Ľ  V  L  Í  S  T  I  E  H  K  N
Á  G  I  A  W  Ó  S  F  R  P  V  A  E  A
V  U  A  L  L  R  V  M  O  I  D  P  P  A
A  N  Y  V  L  A  H  N  O  J  I  V  O  I
```

BAMBUS	FLÓRA
STROM	ZÁHRADA
BOBULE	TRÁVA
KVET	KAKTUS
LÍSTOK	BYLINA
FAZUĽA	LÍSTIE
BOTANIKA	MACH
KER	VEGETÁCIA
HNOJIVO	LES
BREČTAN	KOREŇ

48 - Kunst

```
V  K  O  Z  J  Y  J  D  Y  Y  Ú  V  S  V
Ý  E  B  L  E  F  V  R  K  K  P  Y  Y  Y
R  R  R  O  D  S  I  K  F  X  R  T  M  K
A  A  A  Ž  N  I  Z  O  K  Y  I  V  B  R
Z  M  Z  E  O  N  U  M  U  T  M  O  O  E
M  I  Y  N  D  Š  Á  P  O  Y  N  R  L  S
J  C  C  I  U  P  L  L  P  S  Ý  I  G  L
D  K  D  E  C  I  N  E  A  O  O  Ť  E  I
T  Ý  J  M  H  R  Y  X  S  D  É  B  A  Ť
Z  W  P  X  Ý  O  Y  N  G  Z  A  Z  N  M
S  O  C  H  A  V  T  É  F  D  L  V  I  Ý
S  U  R  R  E  A  L  I  Z  M  U  S  P  A
P  Ô  V  O  D  N  Ý  P  R  E  D  M  E  T
B  V  Y  E  Y  Ý  G  H  Z  K  L  W  L  U
```

VÝRAZ	POÉZIA
ÚPRIMNÝ	VYKRESLIŤ
JEDNODUCHÝ	VYTVORIŤ
PREDMET	SOCHA
OBRAZY	NÁLADA
INŠPIROVANÝ	SURREALIZMUS
KERAMICKÝ	SYMBOL
KOMPLEXNÉ	VIZUÁLNY
PÔVODNÝ	ZLOŽENIE
OSOBNÝ	

49 - Gewürze

```
F  E  N  I  K  E  L  K  L  I  N  Č  E  K
I  S  D  L  V  V  Š  K  U  R  K  U  M  A
U  L  C  H  O  R  K  Ý  K  D  V  V  K  R
R  A  V  D  T  R  O  N  Z  J  Z  A  K  D
I  D  F  N  Y  S  R  A  C  U  Á  N  T  A
T  K  U  F  P  Z  I  N  I  I  Z  I  F  M
R  Ý  X  D  C  L  C  Í  B  T  V  L  K  O
P  A  P  R  I  K  A  Z  U  O  O  K  W  N
C  E  S  N  A  K  K  D  Ľ  P  R  A  O  S
Z  G  H  C  H  U  Ť  Š  A  F  R  A  N  O
B  N  U  K  A  D  M  K  H  G  T  F  R  Ľ
K  A  R  I  K  O  R  I  A  N  D  E  R  N
A  F  P  C  P  D  J  D  J  H  M  H  O  I
Z  R  E  I  O  Y  U  E  J  Y  Y  P  B  D
```

ANÍZ	KURKUMA
HORKÝ	KLINČEK
KARI	PAPRIKA
FENIKEL	ŠAFRAN
CHUŤ	SOĽ
ZÁZVOR	SLADKÝ
KARDAMON	VANILKA
CESNAK	ŠKORICA
KORIANDER	CIBUĽA
RASCA	

50 - Gemüse

```
P E T R Ž L E N H U B A F B
T D A S L V G C U H O R K A
Š A L Á T I G L G R L B A K
A R T I Č O K L L A I R R L
R S G D T F G F S C V O F A
I Š Z Á Z V O R Z H O K I Ž
C P A R A D A J K A V O O Á
Z E L E R D F O I I Ý L L N
R N S Z M R K V A P N I C N
J Á H N H J Z P Y E E C I A
U T E B A P E J J L A A B W
V B A T E K V I C A T H U D
U C W B D Z E M I A K B Ľ R
R C C K V A K A M G D Y A R
```

ARTIČOK

BAKLAŽÁN

KARFIOL

BROKOLICA

HRACH

UHORKA

ZÁZVOR

MRKVA

ZEMIAK

CESNAK

TEKVICA

OLIVOVÝ

PETRŽLEN

HUBA

KVAKA

ŠALÁT

ZELER

ŠPENÁT

PARADAJKA

CIBUĽA

51 - Katzen

```
Z D X P K B C P M L E B I Z
N V S N F O F Z Á P T M A A
E N E Z Á V I S L Ý T N J R
F U U D A D O S O B N O S Ť
A K Z X A I P M S L C R M H
L A B K A V R Y P Á H D I A
I I G Z P O Ý Š Á Z V L E K
O T O F E K C L N N O S Š O
P F C B X Ý H X O I S O N Ž
L A L C O A L J K V T E Y U
A R Z H W R Y G U Ý E Y I Š
C B O Ú P R I A D Z A C M I
H R T Y R K H Z H R A V Ý N
Ý G U X Y E Y Z S W A E M A
```

KOŽUŠINA   SPÁNOK
PRIADZA   RÝCHLY
LOVEC   PLACHÝ
SMIEŠNY   CHVOST
PAZÚR   NEZÁVISLÝ
MYŠ   BLÁZNIVÝ
ZVEDAVÝ   HRAVÝ
OSOBNOSŤ   MÁLO
LABKA   DIVOKÝ

52 - Tanzen

```
P P U N M P A R T N E R G C
O P G R R U L Y V T R B B H
H E Z U L W J T F P J N J O
Y O A K A D É M I A V J P R
B B Y M O B M U M E N I E E
H U D B A T Z S K O K P M O
T R A D I Č N Ý K I D O Ó G
M I L O S Ť E V U Ú F M C R
K U L T Ú R A G L F Š X I A
C W Z A Y T X U T L F K A F
R A D O S T N Ý Ú T C U A I
K L A S I C K Ý R D E C T A
E X P R E S Í V N Y F L O E
V I Z U Á L N Y Y E W R O D
```

AKADÉMIA	KULTÚRNY
MILOSŤ	UMENIE
EXPRESÍVNY	HUDBA
POHYB	PARTNER
CHOREOGRAFIA	SKÚŠKA
EMÓCIA	RYTMUS
RADOSTNÝ	SKOK
KLASICKÝ	TRADIČNÝ
TELO	VIZUÁLNY
KULTÚRA	

53 - Ernährung

```
N F R L I A G K J K K H O Z
D G T O X Í N V A O A M B D
A I S J D A G A X I L O I R
K S Č P J A T S O S Ó T L A
K V A L I T A E C Z R N N V
R Z S C T B W N O O I O I I
R M Ť M H M P I B M E S N E
C H U Ť J A U E V H Á Ť Y V
J H O R K Ý R L P A R Č P I
Y E U O I Z Ž I V Í N I K T
B V D I É T A Z D R A V Ý A
B I E L K O V I N Y X U Z M
H N B Z É V Y V Á Ž E N Ý Í
V J N T R Á V E N I E I T N
```

CHUŤ   KALÓRIE
VYVÁŽENÝ   SACHARIDY
HORKÝ   ŽIVÍN
DIÉTA   ČASŤ
JEDLÉ   BIELKOVINY
KVASENIE   KVALITA
ZDRAVÝ   OMÁČKA
ZDRAVIE   TOXÍN
OBILNINY   TRÁVENIE
HMOTNOSŤ   VITAMÍN

54 - Technologie

```
J A L P P K Y V K O T B V Ú
H R D Í A O U V B F G A Ý D
L I Y S Y M Č R J O H J S A
S J F M O E U Í Z T F T K J
U F T O S F R L T O B O U E
B L O G O B T R Z A R V M V
T E E S P R Á V A P Č I J Í
V A P K N S Y R É A D R Z R
O B R A Z O V K A R G T E U
D I G I T Á L N Y Á S U E S
B H A A S Ú B O R T E Á Z U
Š T A T I S T I K A G L V N
I N T E R N E T K I J N F Z
B E Z P E Č N O S Ť F Y O N
```

OBRAZOVKA	INTERNET
BLOG	FOTOAPARÁT
BAJTOV	SPRÁVA
POČÍTAČ	PÍSMO
KURZOR	BEZPEČNOSŤ
SÚBOR	SOFTVÉR
ÚDAJE	ŠTATISTIKA
DIGITÁLNY	VIRTUÁLNY
VÝSKUM	VÍRUS

55 - Wasser

```
K A N Á L T T I L R M S W C
M O W P K I U G L I T L U B
O N L P L M M P F E G X N G
N D S K G A A R Z K M C W P
Z H P J L A X P U A U R D R
Ú U R A G E J Z Í R D C Á D
N R C Z R V L H K O S Ť Ž Z
U I H E M O O C E Á N J Ď P
N K A R K V V P V S E I F O
B Á S O G A L A L W H Ľ O L
Y N N D X J H R N M H N A A
O C C X O A K A Y I K P H D
A V R E D B Ý C O K E J E I
Z A V L A Ž O V A N I E G U
```

ZAVLAŽOVANIE	HURIKÁN
PARA	KANÁL
SPRCHA	MONZÚN
ĽAD	OCEÁN
VLHKÝ	DÁŽĎ
VLHKOSŤ	SNEH
RIEKA	JAZERO
MRÁZ	ODPAROVANIE
GEJZÍR	VLNY

56 - Science Fiction

```
M  D  E  Z  G  A  B  L  O  J  I  R  F  O
E  X  T  R  É  M  N  Y  P  Y  M  E  U  R
T  E  C  H  N  O  L  Ó  G  I  A  A  T  A
S  P  T  H  X  C  I  K  A  U  G  L  U  C
V  C  O  N  N  H  Z  N  L  T  I  I  R  L
E  D  Y  S  T  O  P  I  A  Ó  N  S  I  E
T  A  J  O  M  N  Ý  H  X  P  Á  T  S  V
S  P  U  V  K  O  I  Y  I  I  R  I  T  Ý
R  C  L  G  W  H  C  L  A  A  N  C  I  B
O  K  E  A  C  E  U  B  Ú  G  Y  K  C  U
B  R  F  N  N  Ň  D  V  V  Z  N  Ý  K  C
O  U  L  W  Á  É  K  I  N  O  I  I  Ý  H
T  G  V  U  H  R  T  M  A  R  K  A  T  J
Y  E  O  F  A  N  T  A  S  T  I  C  K  Ý
```

KNIHY
DYSTOPIA
VÝBUCH
EXTRÉMNY
FANTASTICKÝ
OHEŇ
FUTURISTICKÝ
GALAXIA
TAJOMNÝ
ILÚZIA

IMAGINÁRNY
KINO
ORACLE
PLANÉTA
REALISTICKÝ
ROBOTY
SCENÁR
TECHNOLÓGIA
UTÓPIA
SVET

57 - Haustiere

```
A  F  L  I  L  P  M  L  M  V  P  Z  N  J
F  R  Y  B  Y  L  A  B  K  Y  O  F  J  A
K  R  A  V  A  I  C  Z  M  R  K  D  D  Š
Y  J  Š  A  Y  Z  J  S  Ú  X  O  M  A  T
V  E  T  E  R  I  N  Á  R  R  Z  V  I  E
B  D  E  R  G  Z  O  H  M  Z  A  L  C  R
Y  L  Ň  U  K  P  A  P  A  G  Á  J  H  I
I  O  A  Š  K  R  E  Č  O  K  W  P  V  C
D  Z  A  N  O  G  Á  G  X  C  I  E  O  A
J  R  F  J  S  G  O  L  I  E  R  S  S  B
M  A  Č  I  A  T  K  O  I  G  T  I  T  J
Y  K  O  R  Y  T  N  A  Č  K  A  M  Z  A
Š  S  S  U  S  M  A  Č  K  A  U  J  F  J
W  Y  L  U  W  T  N  J  R  Z  N  N  R  N
```

JAŠTERICA	KRAVA
JEDLO	MYŠ
RYBY	PAPAGÁJ
ŠKREČOK	LABKY
KRÁLIK	KORYTNAČKA
PES	CHVOST
MAČKA	VETERINÁR
MAČIATKO	VODA
GOLIER	ŠTEŇA
PAZÚR	KOZA

58 - Geburtstag

```
C Y Z E Z U A F Č M H R I B
M T W Á T O R T A T E D M X
P L K I B P I E S E Ň I L J
R M A K Z A I E Y E C R W D
I Ú L D A B V F X P P D A R
A D E U Ý R N A R O D E N Ý
T R N S N O T R D Z F Ň R P
E O D P T K D Y W V C K A F
L S Á S T A R Š Í Á I E D J
I Ť R H Š Ť A S T N Ý S O O
A D Y Z S V I E Č K Y Y S J
Š P E C I Á L N Y Y V D T P
R M I B I K O S L A V A N T
B E V M S O C E M M N N Ý V
```

STARŠÍ   KALENDÁR
POZVÁNKY   KARTY
OSLAVA   SVIEČKY
RADOSTNÝ   TORTA
PRIATELIA   PIESEŇ
NARODENÝ   ZÁBAVA
DAR   ŠPECIÁLNY
ŠŤASTNÝ   DEŇ
ROK   MÚDROSŤ
MLADÝ   ČAS

59 - Literatur

```
B E P Z Š Z P N P A A P T R
G E A Á D T É M A N U O R O
L I L V L K Ý Y N E T P A M
W T G E H N M L A K O I G Á
M O O R T U S E L D R S É N
U T E X G R Ž B Ó O H C D C
M K E K K X I Z G T K I I D
E R X R C B V A I A W U A W
T A M Ý L A O O A K G K J C
A L S M J C T R Y T M U S T
F U Z I J R O Z P R Á V A Č
O B Á S E Ň P O E T I C K Ý
R M Z T O D I A L Ó G Y N O
A R L K D K S A N A L Ý Z A
```

ANALÓGIA
ANALÝZA
ANEKDOTA
AUTOR
POPIS
ŽIVOTOPIS
DIALÓG
ROZPRÁVAČ
BELETRIA
BÁSEŇ

METAFORA
POETICKÝ
RÝM
RYTMUS
ROMÁN
ZÁVER
ŠTÝL
TÉMA
TRAGÉDIA

60 - Wandern

```
P U S L N K O Z X K D G R G
O R I E N T Á C I A A L A S
B G K Y W E U Č I Ž M Y K R
Z P O V A H A W H D V I E U
V U O E A U C N V M E J M Ť
I N R Č S J S T C T K J P A
E A Z K A P R Í P R A V A Ž
R V O D A S R P D V M R R K
A E S U M M I T I A E C K Ý
T N K U F R G E V Y N H Y R
Á Ý O L Ú X R S O M E X H X
S F A U Í T G A K A O J L S
N P J C F M E N Ý P L Z C B
I W V Z Z Z A S F A Z L U H
```

VRCH
KEMP
SUMMIT
MAPA
KLÍMA
ÚTES
UNAVENÝ
POVAHA
ORIENTÁCIA
PARKY

ŤAŽKÝ
SLNKO
KAMENE
ČIŽMY
ZVIERATÁ
PRÍPRAVA
VODA
POČASIE
DIVOKÝ

61 - Länder #2

```
N F K R S W S Y R W K O E Z
J R U S K O S Ý R I A Í T P
P A K I S T A N I G É R I A
A N M U K S E E K R M S Ó L
R C L A G K S P E É E K P B
R Ú A I J A A Á Ň C X O I Á
A Z O J H K N L A K I R A N
O S S A M Z A D X O K D T S
O K U P R J D V A M O C H K
B O D O F M T B D H V T Y O
O P Á N L I B É R I A M J J
Z I N S J W T H N M V I I L
V B U K R A J I N A X Y T T
C W F O C B T D X J X Z V I
```

ALBÁNSKO	LIBÉRIA
ETIÓPIA	MEXIKO
FRANCÚZSKO	NEPÁL
GRÉCKO	NIGÉRIA
HAITI	PAKISTAN
ÍRSKO	RUSKO
JAMAJKA	SUDÁN
JAPONSKO	SÝRIA
KEŇA	UGANDA
LAOS	UKRAJINA

62 - Fahrzeuge

```
T R A K T O R D S M F Z L J
P N E U M A T I K Y E Z X U
S B I C Y K E L T D L T J L
C K A M B U L A N C I E R P
T E Ú W M H O U K Y E H K O
N A I T N Z Ď T Y Z T F A N
A M X R E U K O V T A R R O
N W N I J R R A F T D A A R
V L A K V M O T O R L U V K
A U T O B U S J R B O O Á A
N Á K L A D N É A U T O N J
T R A J E K T R I K D I A I
G H S J W V R T U Ľ N Í K F
R A K E T A O J Y C S X V J
```

AUTO	MOTOR
LOĎ	RAKETA
AUTOBUS	PNEUMATIKY
BICYKEL	SKÚTER
TRAJEKT	TAXI
RAFT	TRAKTOR
LIETADLO	METRO
VRTUĽNÍK	PONORKA
AMBULANCIE	KARAVÁNA
NÁKLADNÉ AUTO	VLAK

63 - Badezimmer

```
B S X K O B E R E C I N T P
D Z D U T E R Á K I G O H B
K O H Ú T I K D T B B Ž K P
Z C N B V F G M H N D N R N
J R K R É M F B U B L I N Y
N W K D U O V N W W F C L I
E G P A R F U M K Ú P E Ľ U
J N Z X D T V M W Y O S E V
S Z H X A L W Š H U B K A N
P J Á C U D O U A C B M Y N
R D K C F H R G M M Y D L O
C Z H O H R E J W K P A R A
H Z X A L O P V O D A Ó I T
A T X L A W D O M E A E N O
```

KÚPEĽ	HUBKA
BUBLINY	MYDLO
PARA	ŠAMPÓN
SPRCHA	ZRKADLO
UTERÁK	KOBEREC
KRÉM	ZÁCHOD
PARFUM	VODA
NOŽNICE	KOHÚTIK

64 - Musikinstrumente

```
T  H  S  A  X  O  F  Ó  N  B  U  B  O  N
F  A  G  O  T  B  X  F  P  P  A  D  V  O
V  R  M  H  N  R  K  L  A  R  I  N  E  T
N  F  F  B  L  T  C  A  H  N  E  D  J  H
M  A  Z  V  U  O  Z  U  U  I  O  E  D  O
B  A  N  O  R  R  T  T  S  L  L  V  W  B
T  L  N  U  U  U  Í  A  L  S  X  S  X  O
R  K  E  D  M  D  O  N  E  G  O  N  G  J
O  L  G  R  O  U  F  H  A  Z  D  T  G  E
M  A  V  I  O  L  O  N  Č  E  L  O  I  M
B  V  K  Y  F  Y  Í  B  Y  D  F  V  T  T
Ó  Í  H  A  R  M  O  N  I  K  A  J  A  C
N  R  T  R  Ú  B  K  A  A  O  P  L  R  W
Z  V  O  N  K  O  H  R  A  Y  H  W  A  U
```

BANJO	KLAVÍR
VIOLONČELO	MANDOLÍNA
FAGOT	HARMONIKA
FLAUTA	HOBOJ
HUSLE	TROMBÓN
GITARA	SAXOFÓN
ZVONKOHRA	TAMBURÍNA
GONG	BUBON
HARFA	TRÚBKA
KLARINET	

65 - Blumen

```
P  J  O  R  R  Ľ  I  M  G  L  H  S  E  K
D  I  U  V  U  A  N  A  G  E  O  L  A  J
S  B  V  T  Ž  L  U  G  A  V  Z  N  K  T
L  I  C  O  A  I  H  N  R  A  F  E  Y  U
N  Š  D  U  N  A  P  Ó  D  N  Y  Č  T  L
B  T  L  P  X  K  C  L  É  D  L  N  I  I
Y  E  R  F  G  D  A  I  N  U  Í  I  C  P
Y  K  E  J  S  W  F  A  I  Ľ  S  C  A  Á
P  L  U  M  E  R  I  A  A  A  T  A  Z  N
P  Ú  P  A  V  A  C  L  S  C  O  M  A  K
O  R  C  H  I  D  E  A  M  H  K  A  F  U
S  E  D  M  O  K  R  Á  S  K  A  V  K  M
O  R  G  O  V  Á  N  P  J  A  Z  M  Í  N
P  S  Ď  A  T  E  L  I  N  A  A  Z  B  R
```

LÍSTOK	MAGNÓLIA
GARDÉNIA	MAK
SEDMOKRÁSKA	ORCHIDEA
IBIŠTEK	PIVONKA
JAZMÍN	PLUMERIA
ĎATELINA	RUŽA
LEVANDUĽA	SLNEČNICA
ORGOVÁN	KYTICA
ĽALIA	TULIPÁN
PÚPAVA	

66 - Natur

```
D V H D K Y Z W F U S P G V
O I Č K Y I T H K U F Ú E I
I Z V E W N P T X W H Š U T
L V H O L L A H O R Y Ť K Á
Í I F R K Y H M L A H C D L
S E J E V Ý N R I E K A D N
T R V R T R O P I C K Ý K Y
I A A Ó E S Y W T V K K R F
E T T Z U T F A Z F K Ý Á E
B Á N I K O B L A K Y K S A
W N Ľ A D O V E C D Y Y A D
P O K O J N Ý S V Ä T Y Ň A
J Y D O V A R K T I C K Ý H
D S X W C N V J X A A T P J
```

ARKTICKÝ
HORY
VČELY
DYNAMICKÝ
ERÓZIA
RIEKA
ĽADOVEC
SVÄTYŇA
POKOJNÝ
LÍSTIE

VITÁLNY
HMLA
KRÁSA
ZVIERATÁ
TROPICKÝ
LES
DIVOKÝ
OBLAKY
PÚŠŤ

67 - Urlaub #2

```
P R E P R A V A D F J U R F
A E D U L G D Í B K B N J I
S Š O Z E S Y E Z E Y O P A
C T V B T A X I X A R O E J
A A O D I K I C M V L A K M
V U L O S T R O V R D V C U
O R E H K O B C M A P A K B
Ľ Á N C O V H V I O P L Á Ž
N C K L O K X V B E R C T P
Ý I A D G E S T A N Ľ E L U
Č A Y D U M H O T E L S J F
A U Y T F P E T B N P T V P
S C U D Z I N E C G L A R J
Z A H R A N I Č N Ý T Y K X
```

CUDZINEC	CESTA
ZAHRANIČNÝ	REŠTAURÁCIA
KEMP	PLÁŽ
LETISKO	TAXI
VOĽNÝ ČAS	PREPRAVA
HOTEL	DOVOLENKA
OSTROV	VÍZA
MAPA	STAN
MORE	CIEĽ
PAS	VLAK

68 - Zirkus

```
Ž O N G L É R B N E C S V O
H Z P D L S F Y T L N L E V
U K K C L P A V X S J O J V
D I V Á K R P U A Y V N P E
B L Y X V I K Ú Z L O M G Ľ
A A K Ú Z E L N Í K G E L K
U Z V J C V A C A M R G Í O
K V U I P O U J K A A A S L
Á O C V Ť D N G L Z P K T E
Z P S Z V I E R A T Á R O P
A I T T R R D S O I L O K Ý
Ť C A R Ý I C U J G P B P P
D A N Y I M O L U E B A T L
S B E U S K N S T R W T A T
```

OPICA	SPRIEVOD
AKROBAT	VEĽKOLEPÝ
KLAUN	ZVIERATÁ
SLON	TIGER
LÍSTOK	TRIK
ŽONGLÉR	BAVIŤ
KOSTÝM	KÚZELNÍK
LEV	UKÁZAŤ
KÚZLO	STAN
HUDBA	DIVÁK

69 - Barbecues

```
A  I  Z  S  L  F  B  O  L  M  Z  K  R  H
M  Z  Z  E  N  X  U  E  A  J  B  K  P  O
A  W  O  H  L  A  D  D  D  S  Y  N  S  R
V  M  M  R  U  E  L  O  V  O  C  I  E  Ú
X  E  Á  Y  A  I  N  E  T  Ľ  J  Z  L  C
H  P  Č  A  B  U  K  I  T  D  E  T  I  I
U  P  K  E  S  O  U  H  N  O  R  G  G  E
D  A  A  R  R  O  R  L  C  A  N  U  R  V
B  P  J  F  O  A  A  N  N  O  Ž  E  I  A
A  R  F  J  D  R  G  K  B  O  X  B  L  R
V  I  D  L  I  Č  K  Y  R  B  R  H  V  E
S  K  O  J  N  O  L  I  A  E  S  P  P  N
L  A  F  Š  A  L  Á  T  Y  D  P  D  I  I
J  M  G  V  E  V  U  J  V  X  C  L  E  E
```

VEČERA	VARENIE
RODINA	NOŽE
OVOCIE	OBED
VIDLIČKY	HUDBA
ZELENINA	PAPRIKA
GRIL	ŠALÁTY
HORÚCI	SOĽ
KURA	LETO
HLAD	OMÁČKA
DETI	HRY

70 - Küche

```
X D A Y Z P F C S R W B G J
Z Á S T E R A H U B K A J X
G D D J Y T U L Y Ž I C E T
R E C E P T K A I A Z G D O
K O R E N I E D D Č K N L W
G B M D Ž B Á N N R K X O P
F R B I X P H I P I T Y V O
B Ú I P S T H Č R Ú R A J H
K S M L Z K I K F Z Y I D Á
N O Ž E A Z A A H V O W P R
I K M R A Z N I Č K A Y B F
N A B E R A Č K A O R J L S
E T K A N V I C A R J V N E
V I D L I Č K Y E M B G R W
```

JEDLO
PALIČKY
VIDLIČKY
MRAZNIČKA
KORENIE
GRIL
NABERAČKA
DŽBÁN
CHLADNIČKA
LYŽICE

NOŽE
RÚRA
RECEPT
ZÁSTERA
MISKA
HUBKA
OBRÚSOK
POHÁR
KANVICA

71 - Schach

```
C  K  R  Á  Ľ  E  K  R  Á  Ľ  O  V  N  Á
H  F  D  V  T  B  G  X  H  F  B  H  P  H
G  D  E  Y  W  M  A  J  S  T  E  R  R  F
M  G  L  A  E  A  Y  G  P  S  T  Á  A  A
H  T  D  P  O  P  N  N  D  Ú  O  Č  V  D
S  T  R  A  T  É  G  I  A  P  V  Z  I  I
Č  K  U  T  I  P  G  C  E  E  A  E  D  A
N  A  V  R  A  J  J  T  I  R  Ť  N  L  G
W  N  S  F  N  T  C  K  D  S  G  L  Á  O
K  A  D  R  F  A  H  C  F  U  L  M  B  N
C  F  W  S  C  M  J  G  F  V  P  P  B  Á
S  Ú  Ť  A  Ž  P  A  S  Í  V  N  Y  O  L
Č  I  E  R  N  Y  B  I  E  L  Y  I  D  N
R  W  K  M  E  I  D  F  A  T  P  F  Y  Y
```

MAJSTER	ČIERNY
DIAGONÁLNY	HRA
SÚPER	HRÁČ
KRÁĽ	STRATÉGIA
KRÁĽOVNÁ	TURNAJ
OBETOVAŤ	BIELY
PASÍVNY	SÚŤAŽ
BODY	ČAS
PRAVIDLÁ	

72 - Erhaltung

```
P  R  I  R  O  D  Z  E  N  Ý  O  O  Z  H
I  C  R  E  Z  V  D  C  N  U  K  B  D  A
O  H  V  C  N  W  O  Y  B  Y  L  O  R  B
D  E  C  Y  E  C  B  K  N  H  Í  R  A  I
X  M  B  K  Č  E  R  L  M  C  M  G  V  T
A  I  E  L  I  Y  O  U  S  G  A  A  I  A
Y  K  O  O  S  G  V  S  U  P  T  N  E  T
O  Á  H  V  T  H  O  Z  N  Í  Ž  I  Ť  Z
U  L  T  A  E  M  Ľ  Y  E  I  I  C  P  V
C  I  O  Ť  N  K  N  A  F  L  P  K  J  O
P  E  S  T  I  C  Í  D  R  J  E  Ý  G  D
J  B  V  O  E  N  K  G  F  N  W  N  D  A
V  Z  D  E  L  Á  V  A  N  I  E  K  Á  M
E  K  O  S  Y  S  T  É  M  O  H  J  J  A
```

VZDELÁVANIE   ORGANICKÝ
CHEMIKÁLIE   EKOSYSTÉM
DOBROVOĽNÍK   PESTICÍD
ZDRAVIE   RECYKLOVAŤ
ZELENÁ   ZNÍŽIŤ
KLÍMA   ZNEČISTENIE
HABITAT   VODA
PRIRODZENÝ   CYKLUS

73 - Geographie

```
X  L  M  L  U  O  A  Y  R  X  R  N  V  H
A  C  A  P  O  L  U  D  N  Í  K  F  U  E
V  G  P  G  C  G  X  T  D  S  I  K  K  M
G  M  A  R  E  G  I  Ó  N  I  V  O  G  I
A  W  R  N  Á  F  U  T  U  J  A  N  O  S
W  T  I  X  N  T  D  V  U  G  V  T  S  F
V  D  L  K  T  R  Ó  P  Y  D  H  I  T  É
R  Ú  Y  A  F  N  O  L  K  O  E  N  R  R
C  Z  B  U  S  A  B  V  M  O  R  E  O  A
H  E  S  V  E  T  E  S  N  C  I  N  V  Z
Z  M  E  S  T  O  I  R  Z  Í  E  T  Y  Á
Y  I  V  D  O  W  M  G  G  W  K  I  W  P
Y  E  E  S  K  R  A  J  I  N  A  Y  S  A
N  A  R  N  N  G  G  F  D  K  I  T  U  D
```

ATLAS	LOGITUDE
ROVNÍK	MORE
VRCH	POLUDNÍK
RIEKA	SEVER
ÚZEMIE	OCEÁN
HEMISFÉRA	REGIÓN
OSTROV	MESTO
MAPA	TRÓPY
KONTINENT	SVET
KRAJINA	ZÁPAD

74 - Zahlen

```
Š  T  R  N  Á  S  Ť  P  Ä  Ť  T  M  R  D
E  R  B  U  D  E  V  Ä  T  N  Á  S  Ť  E
S  I  F  L  D  D  T  T  F  I  X  E  Y  S
T  L  V  A  V  E  O  R  Z  M  N  D  V  A
N  B  I  A  A  M  S  S  I  H  Š  E  S  Ť
Á  U  I  B  D  N  E  M  W  N  N  M  Z  R
S  P  C  I  S  Á  M  X  E  U  Á  H  B  X
Ť  U  Ä  Š  A  S  N  Z  B  F  H  S  M  H
G  E  G  T  Ť  Ť  Á  D  E  V  Ä  Ť  Ť  O
S  S  U  Y  N  H  S  J  C  C  A  T  Z  O
V  J  U  R  C  Á  Ť  Y  X  B  K  J  I  Z
S  J  P  I  U  P  S  W  Y  O  S  E  M  R
H  D  V  A  N  Á  S  Ť  N  O  X  Y  E  Z
D  E  S  A  T  I  N  N  É  R  S  Z  P  P
```

OSEM	ŠESŤ
OSEMNÁSŤ	ŠESTNÁSŤ
DESATINNÉ	SEDEM
TRI	SEDEMNÁSŤ
TRINÁSŤ	ŠTYRI
PÄŤ	ŠTRNÁSŤ
PÄTNÁSŤ	DESAŤ
DEVÄŤ	DVADSAŤ
DEVÄTNÁSŤ	DVA
NULA	DVANÁSŤ

75 - Kunst Liefert

```
P  T  O  S  T  O  L  I  Č  K  A  J  E  J
A  K  P  Y  U  L  D  U  Z  E  Z  N  L  M
P  E  W  H  K  E  A  L  O  S  E  V  F  P
I  F  E  B  E  J  V  V  V  D  B  K  A  F
E  Y  A  T  V  O  R  I  V  O  S  Ť  T  P
R  W  V  R  H  N  E  G  S  T  O  J  A  N
Z  V  O  M  B  V  X  U  H  L  I  E  B  P
C  Y  E  N  X  Y  R  M  A  L  W  B  U  A
L  E  P  I  D  L  O  A  N  K  I  B  Ľ  S
A  T  R  A  M  E  N  T  Á  W  R  N  K  T
C  E  R  U  Z  K  Y  I  P  P  E  Y  A  E
Y  S  F  O  T  O  A  P  A  R  Á  T  L  L
N  V  W  T  M  G  V  O  D  A  S  R  K  K
D  U  N  G  Y  I  U  I  Y  B  H  Z  O  Y
```

AKRYL	OLEJ
CERUZKY	PAPIER
PASTELKY	GUMA
KEFY	STOJAN
FARBY	STOLIČKA
UHLIE	TABUĽKA
NÁPADY	ATRAMENT
FOTOAPARÁT	HLINA
TVORIVOSŤ	VODA
LEPIDLO	

76 - Tage und Monate

```
S  M  W  V  O  R  S  Š  T  V  R  T  O  K
A  E  Z  M  A  L  O  K  T  Ó  B  E  R  A
V  U  P  I  O  O  B  T  Ý  Ž  D  E  Ň  L
E  L  G  T  I  H  O  N  E  D  E  Ľ  A  E
Z  X  M  U  E  W  T  D  E  M  F  E  O  N
M  X  N  A  S  M  A  V  X  D  E  N  X  D
L  U  K  M  E  T  B  D  V  E  B  A  H  Á
S  T  R  E  D  A  W  E  S  C  R  J  J  R
N  O  V  E  M  B  E  R  R  E  U  A  Ú  E
H  R  N  B  E  M  J  O  B  M  Á  N  N  L
V  O  X  H  S  X  C  K  U  B  R  U  R  F
E  K  T  P  I  A  T  O  K  E  P  Á  R  I
I  N  I  K  A  U  E  U  T  R  W  R  R  G
R  D  N  I  C  P  O  N  D  E  L  O  K  B
```

AUGUST	KALENDÁR
DECEMBER	STREDA
UTOROK	MESIAC
ŠTVRTOK	PONDELOK
FEBRUÁR	NOVEMBER
PIATOK	OKTÓBER
ROK	SOBOTA
JANUÁR	SEPTEMBER
JÚL	NEDEĽA
JÚN	TÝŽDEŇ

77 - Piraten

```
Y  D  E  S  Z  W  R  E  J  P  Z  K  L  R
P  I  F  V  L  A  J  K  A  L  H  Z  A  K
A  R  O  T  A  P  C  N  Z  Á  G  L  H  O
P  F  Í  T  T  J  B  J  V  Ž  J  Ý  U  M
A  A  L  L  O  H  P  J  A  O  H  R  C  P
P  W  I  I  D  E  P  O  S  Á  D  K  A  A
A  G  H  S  D  V  U  W  E  T  K  O  P  S
G  S  I  R  M  I  N  C  E  R  A  Y  I  H
Á  N  A  U  A  E  H  S  U  O  L  G  Ň  U
J  W  Z  M  P  Z  Č  I  W  V  I  F  S  A
F  P  D  J  A  K  A  P  I  T  Á  N  I  I
D  O  B  R  O  D  R  U  Ž  S  T  V  O  Z
D  N  B  K  O  T  V  A  P  O  K  L  A  D
B  Z  O  P  V  L  E  G  E  N  D  A  G  J
```

DOBRODRUŽSTVO	KOMPAS
KOTVA	LEGENDA
POSÁDKA	MINCE
VLAJKA	JAZVA
PRÍLIV	PAPAGÁJ
ZLATO	RUM
JASKYŇA	POKLAD
OSTROV	ZLÝ
KAPITÁN	MEČ
MAPA	PLÁŽ

78 - Emotionen

```
N  L  P  V  Z  R  U  V  O  Ľ  N  E  N  Ý
A  Á  O  N  M  E  A  M  I  E  R  V  T  S
D  S  K  M  T  L  P  D  C  X  D  Ď  F  M
Š  K  O  S  N  I  H  V  O  B  S  A  H  Ú
E  A  J  F  O  É  X  C  F  S  Y  Č  L  T
N  N  E  H  A  F  E  T  Y  Y  Ť  N  F  O
Ý  S  P  O  K  O  J  N  Ý  M  E  Ý  K  K
L  Á  S  K  A  V  O  S  Ť  P  I  D  D  U
A  S  T  L  D  L  R  U  A  N  Z  W  K
W  J  O  J  U  X  S  H  S  T  R  A  C  H
P  R  E  K  V  A  P  E  N  I  E  J  U  N
P  O  K  O  J  N  Ý  M  U  E  J  U  X  L
M  O  C  K  I  N  U  X  D  K  V  E  O  H
C  K  O  C  D  M  M  Y  A  I  O  A  E  J
```

STRACH	RELIÉF
NADŠENÝ	POKOJ
VĎAČNÝ	POKOJNÝ
UVOĽNENÝ	SYMPATIE
RADOSŤ	SMÚTOK
LÁSKAVOSŤ	PREKVAPENIE
MIER	HNEV
OBSAH	NEHA
NUDA	SPOKOJNÝ
LÁSKA	

79 - Zu Füllen

```
I  P  P  T  T  C  U  K  O  Z  I  O  G  E
E  V  V  P  R  A  V  K  A  Y  S  U  A  S
S  Z  V  O  U  J  Á  G  N  R  T  S  I  W
P  L  Y  D  B  Z  Z  D  F  J  T  O  W  X
C  O  K  N  I  Á  A  B  T  J  G  Ó  I  M
F  Ž  U  O  C  S  L  V  F  B  O  X  N  G
J  K  F  S  A  U  J  K  Ľ  V  A  Ň  A  E
K  A  O  Z  H  V  M  Ô  A  G  S  Z  V  S
B  V  R  E  C  K  O  Š  Š  N  Z  V  B  U
P  R  E  P  R  A  V  K  A  Á  I  O  B  D
H  T  U  U  P  K  E  B  H  D  E  X  P  M
B  B  N  T  Y  P  D  U  U  O  V  F  C  W
Z  L  A  A  J  X  R  G  J  B  U  L  B  A
F  S  Y  N  B  N  O  T  R  A  B  G  O  N
```

BOX	ZLOŽKA
VEDRO	TRUBICA
SUD	NÁDOBA
FĽAŠA	ZÁSUVKA
KARTÓN	PODNOS
PREPRAVKA	VRECKO
KUFOR	OBÁLKA
KÔŠ	VÁZA
JAR	VAŇA

80 - Surfen

```
G  L  W  T  O  M  E  X  K  A  S  J  V  I
H  A  U  F  P  T  P  L  Á  Ž  I  E  L  W
E  B  K  S  L  Ú  T  E  S  U  L  U  N  E
X  E  I  P  F  Y  C  X  N  R  A  V  A  P
Š  P  O  R  T  O  V  E  C  A  A  D  F  O
V  O  C  E  Á  N  P  O  Č  A  S  I  E  P
A  N  A  J  Z  R  Ý  C  H  L  O  S  Ť  U
E  L  L  X  Á  Š  T  Ý  L  Y  B  U  W  L
O  E  C  V  B  P  E  B  H  R  N  M  D  Á
P  K  Y  M  A  J  S  T  E  R  P  C  D  R
I  Á  D  A  V  Y  S  T  Y  V  B  V  S  N
E  W  D  I  A  A  E  X  T  R  É  M  N  Y
F  Z  A  L  L  I  Ž  A  L  Ú  D  O  K  U
R  I  P  I  O  L  U  O  Y  Y  O  R  K  H
```

ŠPORTOVEC	ÚTES
POPULÁRNY	PENA
MAJSTER	ZÁBAVA
EXTRÉMNY	SPREJ
RÝCHLOSŤ	SILA
ŽALÚDOK	ŠTÝL
DAVY	PLÁŽ
OCEÁN	VLNA
PÁDLO	POČASIE

81 - Möbel

```
S T O L I Č K A K R E S L O
P H Z V T L K U F L K B G L
O K O R A W K N I Ž N I C A
L O O J K N I C F G Z E X M
I B O Y D A K S J R Á L E P
C E X C X A D Ú T N C I G A
E R V H F N C L Š C L Z A C
U E X P X S G I O B O N U B
H C G O W T E T A K N Í Č I
G F W S F U T O N S Y K U K
F M A T R A C M J Y I X M P
U U C E L A V I Č K A E I X
B C Z Ľ G W U K W Y S T Ť M
A R M O I R E T P T P I D U
```

LAVIČKA   MATRAC
POSTEĽ   POLICE
KNIŽNICA   ARMOIRE
GAUČ   KRESLO
FUTON   ZRKADLO
HOJDACIA SIEŤ   STOLIČKA
VANKÚŠ   KOBEREC
BIELIZNÍK   ZÁCLONY
LAMPA

82 - Kräuterkunde

```
A O Z M K K Ô P O R N P W E
S I G Z R V M A A U B E M S
J S B B A Z A L K A L T B T
C E S N A K J L N S O R G R
D H C A W M O F I E Ž S A
H S U G J U R P A T H L Y G
T G F Ť L T Á B D Y A E F Ó
Z E L E N Á N J D M Z N E N
K U C H Á R S K Y I Á Š N X
L E V A N D U Ľ A A H A I D
D R K Z L O Ž K A N R F K W
V R R V C U N V F O A R E H
E S T R E W R M I G D A L C
A R O M A T I C K Ý A N Z E
```

AROMATICKÝ	CESNAK
BAZALKA	KUCHÁRSKY
KVET	LEVANDUĽA
KÔPOR	MAJORÁN
ESTRAGÓN	PETRŽLEN
FENIKEL	KVALITA
ZÁHRADA	ŠAFRAN
CHUŤ	TYMIAN
ZELENÁ	ZLOŽKA

83 - Tugenden #1

```
V  U  Š  T  E  D  R  Ý  E  E  Z  D  B  N
H  Á  R  O  Z  H  O  D  U  J  Ú  C  I  E
L  I  Š  S  B  P  N  J  O  S  R  S  S  Z
O  N  O  N  E  N  S  Y  V  G  P  K  P  Á
F  T  Č  S  I  I  S  T  Ý  X  Z  R  O  V
M  E  A  S  Z  V  E  D  A  V  Ý  O  Ľ  I
U  L  R  M  M  B  Ý  Y  I  D  M  M  A  S
Ž  I  U  I  Ú  D  O  B  R  E  P  N  H  L
I  G  J  E  D  Č  I  S  T  Ý  A  Ý  L  Ý
T  E  Ú  Š  R  B  I  U  X  T  C  X  I  C
O  N  C  N  Y  H  T  N  F  S  I  G  V  V
Č  T  I  Y  F  E  E  Z  N  R  E  D  Ý  K
N  N  U  M  E  L  E  C  K  Ý  N  A  M  K
Ý  Ý  R  G  F  B  V  X  K  B  T  I  P  R
```

SKROMNÝ
OČARUJÚCI
ÚČINNÝ
ROZHODUJÚCI
PACIENT
ŠTEDRÝ
DOBRE
UŽITOČNÝ
INTELIGENTNÝ

SMIEŠNY
UMELECKÝ
VÁŠNIVÝ
ZVEDAVÝ
ČISTÝ
NEZÁVISLÝ
MÚDRY
SPOĽAHLIVÝ
ISTÝ

84 - Aktivitäten und Freizeit

```
Z  Á  H  R  A  D  N  Í  C  T  V  O  B  V
D  C  K  O  V  K  I  A  K  V  P  A  N  R
K  E  M  P  K  I  R  K  T  V  L  X  K  S
W  S  B  R  S  Z  Z  T  K  U  Á  T  C  U
A  T  K  Y  S  X  K  G  I  Y  V  B  O  R
Z  O  O  B  R  A  Z  T  O  O  A  U  R  F
L  V  N  O  P  O  T  Á  P  A  N  I  E  O
W  A  Í  L  H  T  E  B  G  H  I  N  L  V
F  N  Č  O  P  M  N  G  O  A  E  U  A  A
U  I  K  V  H  K  I  N  L  X  A  M  X  N
T  E  Y  G  Z  F  S  V  F  Z  U  E  A  I
B  A  S  K  E  T  B  A  L  S  W  N  Č  E
A  V  O  L  E  J  B  A  L  G  L  I  N  W
L  B  E  J  Z  B  A  L  O  P  H  E  Ý  G
```

RYBOLOV	GOLF
BEJZBAL	KONÍČKY
BASKETBAL	UMENIE
BOXU	CESTOVANIE
KEMP	PLÁVANIE
RELAXAČNÝ	SURFOVANIE
FUTBAL	POTÁPANIE
ZÁHRADNÍCTVO	TENIS
OBRAZ	VOLEJBAL

85 - Formen

```
N P Y R A M Í D A T I H M T
P Á U Ú N A C M T E P S N R
L T M T O J G I T T E Z O O
H Y P E R B O L A B F F H J
X S F L S V K R I V K A O U
O I M I X T S T R A N A U H
V K Z P J L I N K A W P H O
Á L R S Y X E E E A K P O L
L D V A L E C G Y B T C L N
K F N R J O K R Ú H L Y N Í
U R H M P E O T X S E V Í K
Ž V U L X O B D Ĺ Ž N I K A
E L V H R A N O L K O C K A
Ľ C J L A O O B L Ú K E M F
```

OBLÚK   OVÁL
TROJUHOLNÍK   MNOHOUHOLNÍK
RÚT   HRANOL
ELIPSA   PYRAMÍDA
HYPERBOLA   NÁMESTIE
OKRAJE   OBDĹŽNIK
KUŽEĽ   OKRÚHLY
KRUH   STRANA
KRIVKA   KOCKA
LINKA   VALEC

86 - Adjektive #2

```
A C W K B N P H J E D L É H
W S B R D W O B W B R J C L
G E Z E R J P V S L A N Ý A
Z D R A V Ý I P Ý G M R X D
O E H T J A S R N A A S S N
D L R Í Č P N O O M T O E Ý
P E D V E H Ý D R S I L N Ý
O G Ý N R V U U M L C E C T
V A K Y S L E K Á Á K R H O
E N W L T Y S T L V Ý H O C
D T P E V H P Í N N I Y K E
N N M F Ý W P V Y Y T G A R
Ý Ý X A U T E N T I C K Ý N
D I V O K Ý P Y A D C X B B
```

AUTENTICKÝ   KREATÍVNY
SLÁVNY   NOVÝ
POPISNÝ   NORMÁLNY
DRAMATICKÝ   PRODUKTÍVNY
ELEGANTNÝ   SLANÝ
JEDLÉ   SILNÝ
ČERSTVÝ   HRDÝ
ZDRAVÝ   ZODPOVEDNÝ
HLADNÝ   DIVOKÝ

87 - Kleidung

```
B O N J M Y I N R R Š N I P
D Ž Í N S Y I E P U P Á K B
C J E O H U R N P K E R O L
P K F H Z I K Y Y A R A H Ú
S L O A W V Z Ň Ž V K M A Z
B O E V P Á S Z A I Y O P K
S B V I F F P Y M C V K L A
V Ú M C B B F A Á E B P Á L
E K E E U Z Á S T E R A Š S
T O P Á N K A Š A T Y J Ť J
E Š P C D U E O M E I A G M
R E Á I A H R J Ó Z X U K R
J Ľ I L N Á H R D E L N Í K
C A T I P F H X A A D F J J
```

NÁRAMOK	ŠATY
BLÚZKA	PLÁŠŤ
PÁS	MÓDA
NÁHRDELNÍK	SVETER
RUKAVICE	SUKŇA
KOŠEĽA	ŠÁL
NOHAVICE	PYŽAMÁ
KLOBÚK	ŠPERKY
BUNDA	TOPÁNKA
DŽÍNSY	ZÁSTERA

88 - Sommer

```
P  D  L  O  M  Y  O  K  I  J  E  L  H  Z
O  L  F  M  V  L  Z  M  N  R  I  F  Y  O
T  D  Á  Z  H  S  V  A  O  I  D  G  S  R
Á  P  U  Ž  L  V  X  M  G  R  H  R  Y  C
P  P  R  I  A  T  E  L  I  A  E  Y  G  E
A  H  V  I  E  Z  D  Y  S  Y  E  D  F  S
N  R  A  D  O  S  Ť  D  A  V  G  L  V  T
I  J  J  K  T  V  O  Ľ  N  Ý  Č  A  S  O
E  E  R  V  J  H  H  U  D  B  A  H  A  V
B  D  A  R  E  L  A  X  Á  C  I  A  T  A
H  L  N  R  D  O  V  O  L  E  N  K  A  N
R  O  D  I  N  A  M  R  E  A  N  F  I  I
C  T  S  P  O  M  I  E  N  K  Y  L  O  E
K  E  M  P  Z  Á  H  R  A  D  A  R  P  R
```

KNIHY	MORE
KEMP	HUDBA
RELAXÁCIA	CESTOVANIE
SPOMIENKY	SANDÁLE
JEDLO	HRY
RODINA	HVIEZDY
VOĽNÝ ČAS	PLÁŽ
RADOSŤ	POTÁPANIE
PRIATELIA	DOVOLENKA
ZÁHRADA	

89 - Farben

```
O G A P P I B B X S B K N P
Z R K Z U E E A V I É Z D K
E W A Z Ú R O V Á V Ž P B W
A F X N K O P Z I Ý O Z I B
K I H T Ž M A U Y N V E E A
H N E D Ý O H H R M Á L L F
Č I E R N Y V L Ž O T E Y U
E Y C G S K P Ý L D V N N C
R U Ž O V Á Y Y T R X Á N H
V G F I A L O V Á Á X A X S
E S V L J T I Z Y K N U X I
N I O H N C I N D I G O U E
Á C T F W U W U H C N E W D
C G L A L M J X T J W D O L
```

BÉŽOVÁ   PURPUROVÁ
MODRÁ   ORANŽOVÝ
HNEDÝ   RUŽOVÁ
FUCHSIE   ČERVENÁ
ŽLTÁ   ČIERNY
SIVÝ   SÉPIA
ZELENÁ   BIELY
INDIGO   AZÚROVÁ
FIALOVÁ

90 - Haus

```
Z  Á  H  R  A  D  A  S  T  R  O  P  E  K
P  R  R  N  Á  B  Y  T  O  K  S  C  L  O
J  G  K  D  F  C  D  R  M  E  T  L  A  M
C  F  G  A  R  Á  Ž  E  K  M  E  K  W  Í
O  K  N  O  D  J  T  C  W  E  N  N  B  N
V  M  I  E  V  L  X  H  U  B  A  I  V  J
T  P  Z  T  E  S  O  A  S  K  P  Ž  F  I
K  R  B  L  R  A  P  N  N  P  R  N  L  V
P  X  A  P  E  Z  P  Á  P  U  R  I  I  N
K  U  C  H  Y  Ň  A  X  L  K  G  C  S  B
I  S  B  H  E  M  G  A  O  Ň  K  A  H  M
P  Y  P  M  Y  T  A  G  T  L  A  M  P  A
G  K  W  X  P  V  O  P  J  U  L  R  P  P
S  M  W  P  O  D  K  R  O  V  I  E  P  J
```

METLA	KUCHYŇA
KNIŽNICA	LAMPA
STRECHA	NÁBYTOK
PODKROVIE	SPÁLŇA
STROP	KOMÍN
SPRCHA	ZRKADLO
OKNO	DVERE
GARÁŽ	STENA
ZÁHRADA	PLOT
KRB	IZBA

91 - Bauernhof #1

```
E Z N S F S A M T I B R J P
H N O J I V O K J R T P Y R
M W V V R A N A S Y K E K A
A V Č D B A A F Y Ž H S U S
Č O E K Ô Ň M K R A V A R A
K D L O O T E Ľ A P Ô D A S
A A A O B Z D K K I O P Y H
D H S E M Z A W Y L J L S W
S Y P K K W O V R O H M E R
T P O R S P L O T P L A S U
G P U U R O W X C A F A J N
A H X B U A M I K T X H K I
C R Z X S R Y Á S Y H R O F
U Y F E S E N O R N B D X J
```

VČELA	VRANA
HNOJIVO	KRAVA
SOMÁR	PÔDA
POLE	KÔŇ
SENO	RYŽA
MED	LOPATY
KURA	PRASA
PES	VODA
TEĽA	PLOT
MAČKA	KOZA

92 - Berufe #1

```
T R M K U V P S L K P F T H
R H E A M E G E O L Ó G J U
É O C R E Ľ J S Y T S I G D
N V H T L V R T T S E P F O
E E A O E Y P R Á V N I K B
R M N G C S U A L E K Á R N
B B I R K L E N O T N Í K Í
B A K A X A S T R O N Ó M K
Z U N F I N Š T A L A T É R
J X U K A E V D U I O Z S U
M Y J E Á C B T B K P V C F
I V E T E R I N Á R R N E T
K L A V I R I S T A K X C C
P F D O P S Y C H O L Ó G R
```

LEKÁR
ASTRONÓM
BANKÁR
VEĽVYSLANEC
GEOLÓG
LOVEC
KLENOTNÍK
KARTOGRAF
INŠTALATÉR

SESTRA
UMELEC
MECHANIK
HUDOBNÍK
KLAVIRISTA
PSYCHOLÓG
PRÁVNIK
VETERINÁR
TRÉNER

93 - Adjektive #1

```
A R K G C D T D T A E J P X
K O E W M E E H M B A V B W
D A K T Í V N Y A S J Y B N
O S F R A S K N V O G F Z N
K R Á S N Y Ý U Ý L G K Y D
O O B R O V S K Ý Ú P S A G
N E T Y Š O A T O T O Ž N Ý
A V V F U Ť F L Y N M M Ť Ú
L G U J U O A D G Y A O A P
Ý H L B O K Ý S L F L D Ž R
U M E L E C K Ý T H Ý E K I
A O C I N E V I N N Ý R Ý M
A T R A K T Í V N Y Ý N L N
A R O M A T I C K Ý O Ý O Ý
```

ABSOLÚTNY	POMALÝ
AKTÍVNY	MODERNÝ
AROMATICKÝ	DOKONALÝ
ATRAKTÍVNY	OBROVSKÝ
TMAVÝ	KRÁSNY
TENKÝ	ŤAŽKÝ
ÚPRIMNÝ	HLBOKÝ
ŠŤASTNÝ	NEVINNÝ
TOTOŽNÝ	CENNÝ
UMELECKÝ	

94 - Mathematik

```
G A R I T M E T I K A O O M
D E X P O N E N T P F B B N
T R O J U H O L N Í K D V O
R S Y M E T R I A P Z Ĺ O H
P O F Z E U H L Y R L Ž D O
A E V K I T G F J I O N F U
R R I N D O R U S E M I U H
A G M V I S G I N M O K B O
L J F B C C Ú I A E K V C L
E H V K I M E Č O R E F Z N
L L R O V N O B E Ž N Í K Í
N P O L O M E R Z T R Z R K
Ý U N M S F É R A G N M E W
V I S Ý N Á M E S T I E O L
```

ARITMETIKA
ZLOMOK
TROJUHOLNÍK
PRIEMER
EXPONENT
GEOMETRIA
ROVNICE
SFÉRA
PARALELNÝ
ROVNOBEŽNÍK

MNOHOUHOLNÍK
NÁMESTIE
POLOMER
OBDĹŽNIK
KOLMÝ
SÚČET
SYMETRIA
OBVOD
UHLY

95 - Messungen

```
M L M T I G J D B B M E S D
X I U E M U K E Y X F O B Ĺ
D T N M T B T S V Ý Š K A Ž
M E C Ú S E W A H N I I J K
G R A M T P R T M D W L T A
F W O U U A K I O M O O T K
F F H W P L I N T W O M E I
U F X O E E G N N T F E I L
P F W X Ň C E É O N J T U O
H J B L M I S N S Y O E Š G
Ĺ N N W T U E B Ř R N R Í R
B E C E N T I M E T E R R A
K E N V O A S O T R O M K M
A S M J N F S T B F K N A V
```

ŠÍRKA	DĹŽKA
BAJT	LITER
DESATINNÉ	METER
HMOTNOSŤ	MINÚTA
STUPEŇ	HĹBKA
GRAM	TON
VÝŠKA	UNCA
KILOGRAM	CENTIMETER
KILOMETER	PALEC

96 - Schlösser

```
V  I  I  R  J  D  P  R  I  N  C  B  B  R
J  E  E  Í  E  Y  S  P  S  A  B  O  T  L
R  Y  Ž  Š  D  N  F  E  U  D  Á  L  N  Y
R  J  U  A  N  A  U  V  Z  A  P  V  K  G
S  U  N  F  O  S  K  N  P  U  A  U  A  F
Š  T  Í  T  R  T  Y  O  G  N  L  Y  T  P
S  C  X  B  O  I  T  S  R  M  Á  W  A  K
D  V  F  W  Ž  A  C  Ť  M  U  C  C  P  R
R  Y  T  I  E  R  I  S  T  E  N  A  U  H
A  M  X  H  C  A  H  L  B  D  Č  A  L  A
K  U  Š  Ľ  A  C  H  T  I  L  Ý  F  T  K
R  B  Z  Y  Y  B  R  N  E  N  I  E  R  Ô
P  R  I  N  C  E  Z  N  Á  U  M  K  P  Ň
K  R  Á  Ľ  O  V  S  T  V  O  F  E  E  O
```

DRAK   KÔŇ
DYNASTIA   PRINC
UŠĽACHTILÝ   PRINCEZNÁ
JEDNOROŽEC   RÍŠA
PEVNOSŤ   RYTIER
FEUDÁLNY   BRNENIE
KATAPULT   ŠTÍT
KRÁĽOVSTVO   MEČ
KORUNA   VEŽA
PALÁC   STENA

97 - Bauernhof #2

```
B F Z K K B Z Z M D F U T X
O A E G U W R A Y L F D J K
L R L Ú K A E V R N I Y R D
A M E Ľ U P L L X D B E H S
S Á N N R Š Ý A Z A G J K O
T R I R I E W Ž J S B A G O
O R N O C N P O V C E H H A
D I A O A I X V J Z A Ň J W
O V O K O C R A O A Z A F J
L V I M T A O N V S Č R F L
A C O T C O U I O A W M I F
K A Č I C A R E C D L W E E
P A S T I E R Z I R A J U Ň
G P P L A M A O E N M U U H
```

FARMÁR
ZAVLAŽOVANIE
ÚĽ
KAČICA
OVOCIE
ZELENINA
JAČMEŇ
LAMA
JAHŇA
KUKURICA

MLIEKO
SAD
ZRELÝ
OVCE
PASTIER
STODOLA
TRAKTOR
PŠENICA
LÚKA

98 - Berufe #2

```
I  U  V  L  Z  Á  H  R  A  D  N  Í  K  C
W  L  I  V  Z  O  O  L  Ó  G  B  M  N  H
K  F  U  Ý  D  G  M  V  X  T  P  G  I  I
V  I  B  S  E  N  O  V  I  N  Á  R  H  R
R  L  I  K  T  V  P  U  H  L  C  E  O  U
L  O  O  U  E  R  L  Č  P  U  M  Z  V  R
E  Z  L  M  K  E  Á  I  I  Z  T  Y  N  G
K  O  Ó  N  T  Z  L  T  L  C  U  T  Í  H
Á  F  G  Í  Í  M  U  E  O  X  T  B  K  E
R  W  S  K  V  R  E  Ľ  T  R  C  V  Á  L
F  O  T  O  G  R  A  F  M  A  L  I  A  R
E  A  S  T  R  O  N  A  U  T  N  F  U  O
R  V  C  P  V  Y  N  Á  L  E  Z  C  A  L
W  K  D  F  I  N  Ž  I  N  I  E  R  N  D
```

LEKÁR	ILUSTRÁTOR
ASTRONAUT	INŽINIER
KNIHOVNÍK	NOVINÁR
BIOLÓG	UČITEĽ
CHIRURG	MALIAR
DETEKTÍV	FILOZOF
VYNÁLEZCA	PILOT
VÝSKUMNÍK	ZUBÁR
FOTOGRAF	ZOOLÓG
ZÁHRADNÍK	

99 - Erforschung

```
V  P  X  I  N  O  V  Ý  P  C  L  Z  M  J
Y  T  R  Y  C  E  S  T  O  V  A  N  I  E
Č  E  N  I  K  F  Z  Z  L  M  D  V  Z  W
E  R  B  S  E  R  H  N  S  E  Y  Z  V  X
R  É  L  R  P  S  I  C  Á  J  B  D  I  O
P  N  U  M  O  M  T  Z  D  M  V  I  E  Z
A  V  O  O  B  Z  M  O  M  F  Y  A  R  B
N  O  B  J  A  V  H  P  R  B  S  L  A  J
I  F  L  O  D  I  V  O  K  Ý  J  E  T  U
E  Č  I  N  N  O  S  Ť  D  U  D  N  Á  J
V  Z  R  U  Š  E  N  I  E  N  Y  Ý  I  A
L  M  P  O  D  V  A  H  A  D  O  C  O  Z
N  K  U  L  T  Ú  R  L  K  B  W  S  A  Y
N  E  B  E  Z  P  E  Č  N  Ý  G  Y  Ť  K
```

ČINNOSŤ   ODVAHA
VZRUŠENIE   NOVÝ
OBJAV   PRIESTOR
ROZHODNOSŤ   CESTOVANIE
VYČERPANIE   JAZYK
VZDIALENÝ   ZVIERATÁ
NEBEZPEČNÝ   NEZNÁMY
TERÉN   DIVOKÝ
KULTÚR

100 - Wetter

```
V A B L E S K J X P Ľ Z Y U
Z U Ú B E T E P L O T A J T
T O R N Á D O Z I L S I D U
V Z K T S H C C U Á F P D T
F O A A S U C H Ý R R Y R M
M L A T X R C S Y N N B M O
V W Z M V I Z H J Y C V Z N
V Á N O K K L M O N E B A Z
I V C S P Á K L Í M A S G Ú
E I N F H N A A U R R F H N
T M H É C R E M D A V E G M
O B O R K G O C Ú K O E B G
R X E A A X G M H F X P C X
T R O P I C K Ý A N S P M L
```

ATMOSFÉRA	HMLA
BLESK	POLÁRNY
VÁNOK	DÚHA
HROM	BÚRKA
SUCHO	TEPLOTA
ĽAD	TORNÁDO
NEBA	SUCHÝ
HURIKÁN	TROPICKÝ
KLÍMA	VIETOR
MONZÚN	MRAK

1 - Ozean

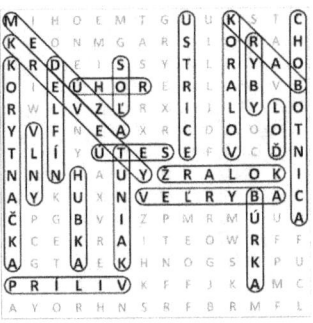

2 - Schule #1

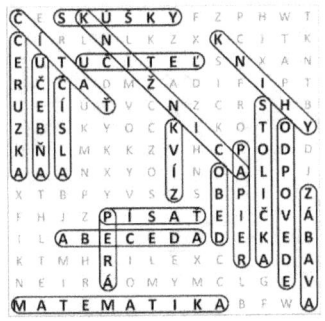

3 - Meditation

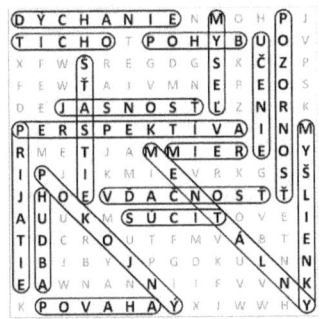

4 - Meisterschaft

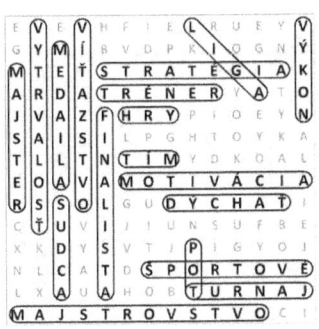

5 - Insekten

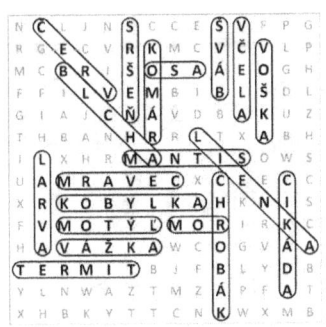

6 - Dinosaurier

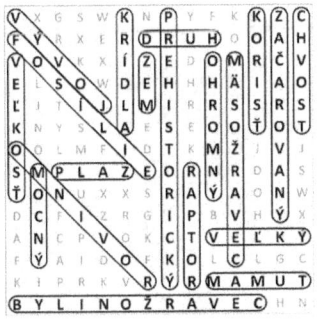

7 - Obst

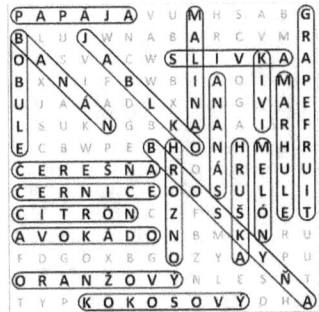

8 - Schule #2

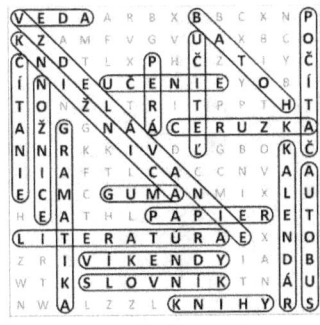

9 - Spielzeuge

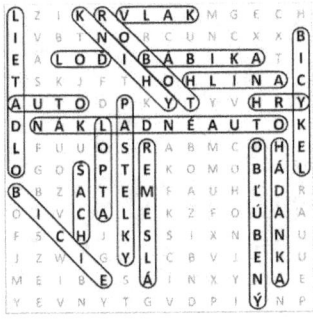

10 - Camping

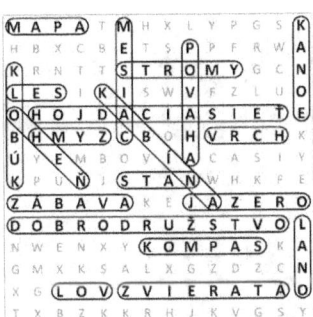

11 - Zeit

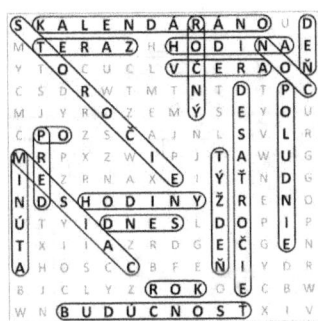

12 - Säugetiere

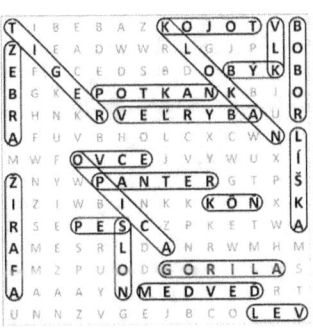

13 - Astronomie

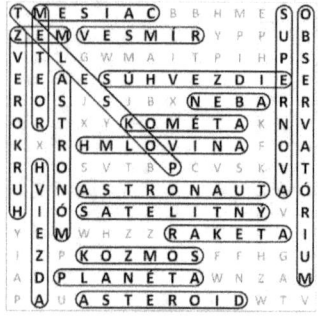

14 - Ballett

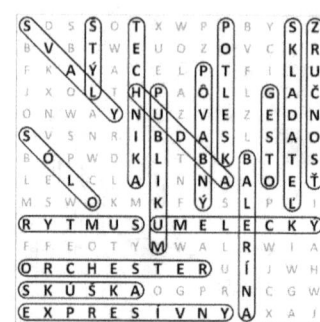

15 - Strand

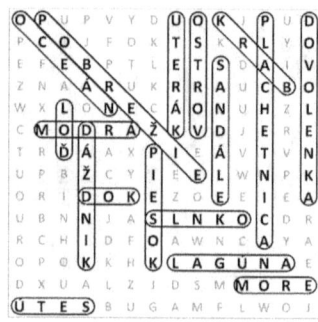

16 - Restaurant #1

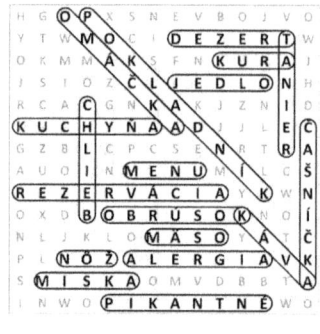

17 - Geologie

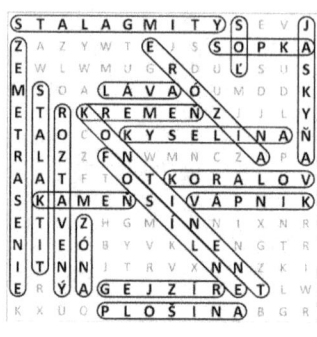

18 - Wissenschaft

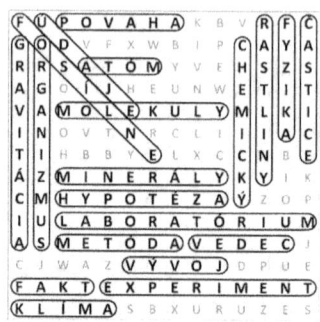

19 - Bildende Kunst

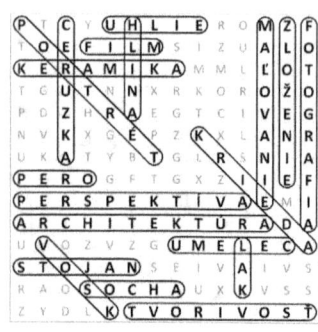

20 - Sport

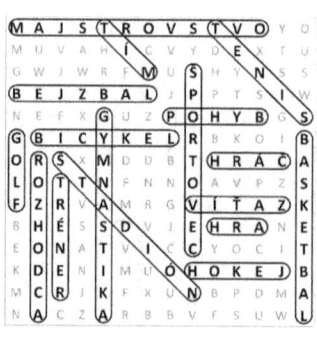

21 - Mythologie

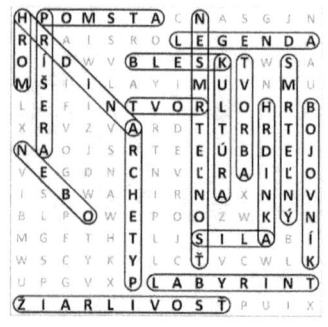

22 - Restaurant #2

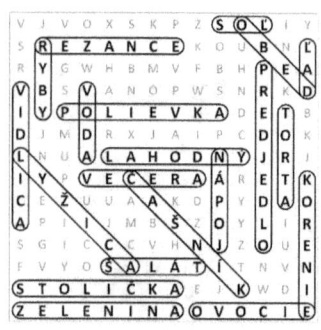

23 - Ökologie

24 - Schokolade

25 - Boote

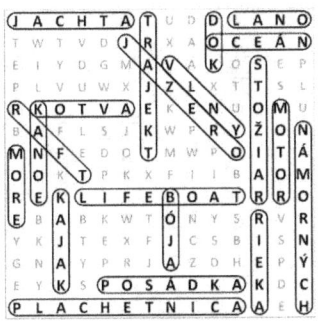

26 - Stadt

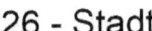

27 - Aktivitäten

28 - Bienen

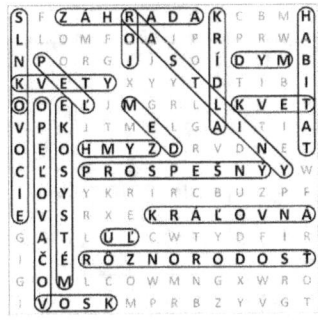

29 - Wissenschaftliche

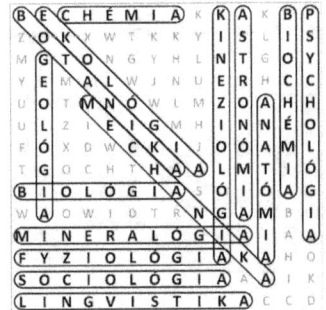

30 - Vögel

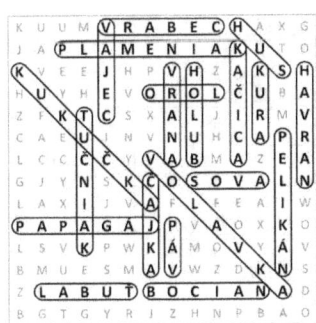

31 - Garten

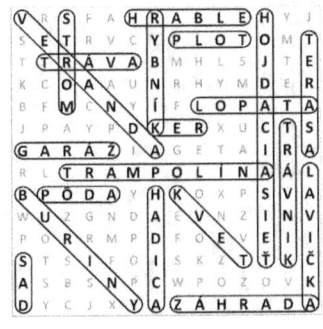

32 - Antarktis

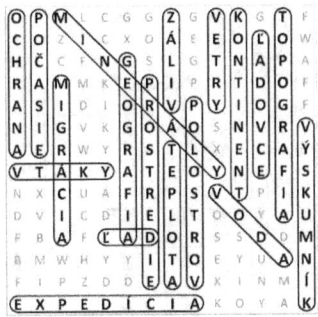

33 - Fahren

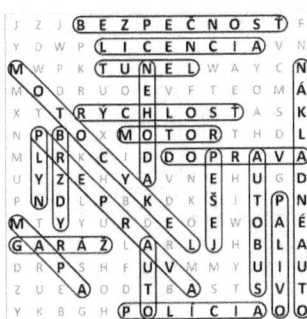

34 - Bücher

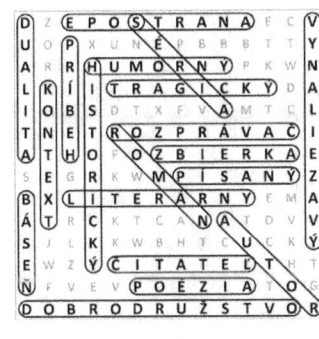

35 - Menschlicher Körper

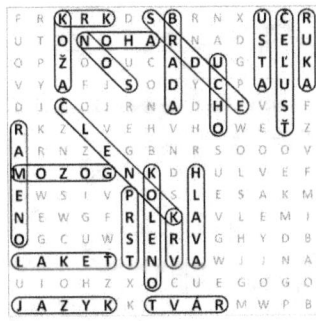

36 - Klettern

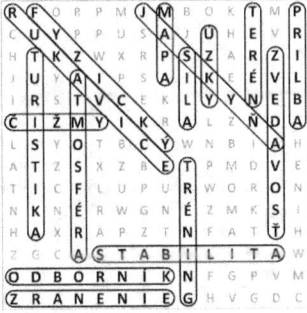

37 - Landschaften

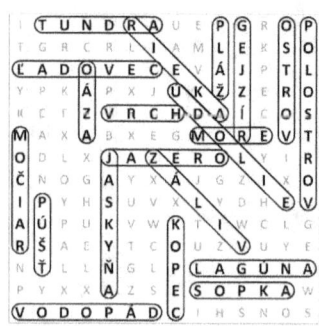

38 - Abenteuer

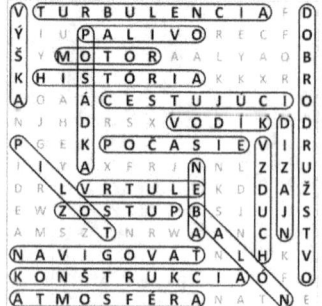

39 - Flugzeuge

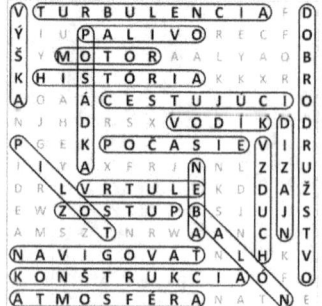

40 - Haartypen

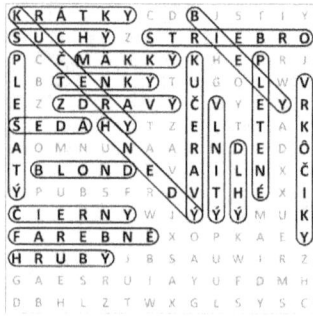

41 - Essen #1

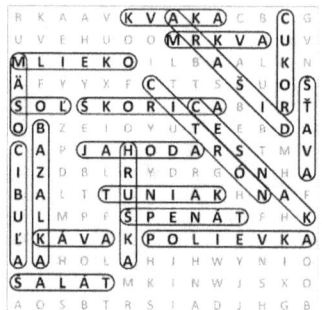

42 - Gebäude

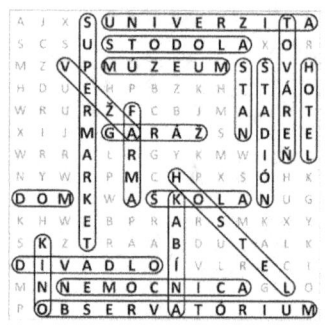

43 - Angeln

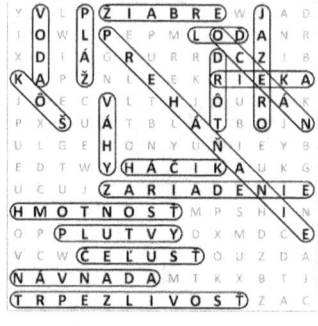

44 - Regenwald

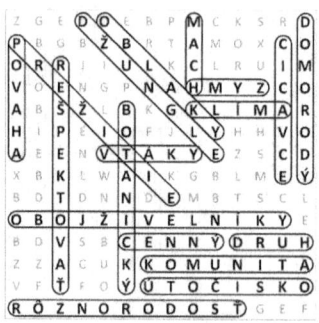

45 - Essen #2

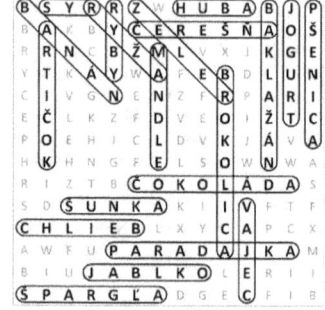

46 - Familie

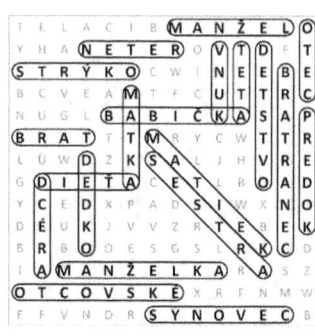

47 - Pflanzen

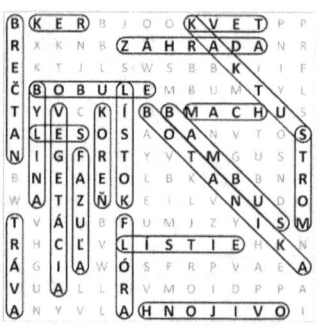

48 - Kunst

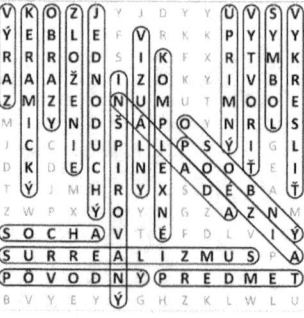

49 - Gewürze

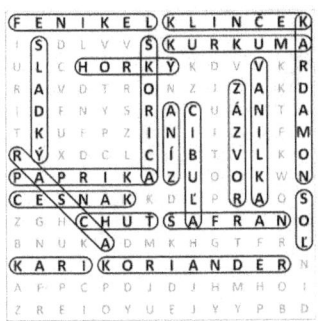

50 - Gemüse

51 - Katzen

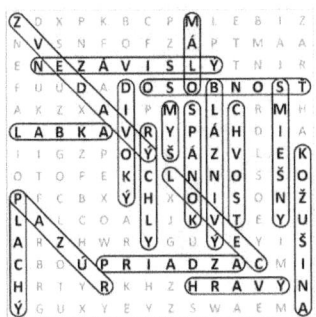

52 - Tanzen

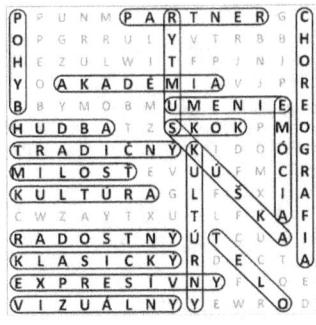

53 - Ernährung

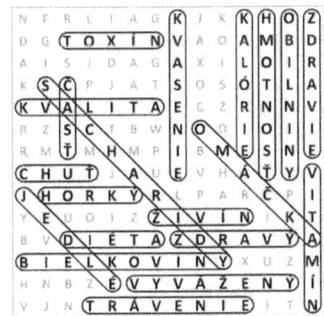

54 - Technologie

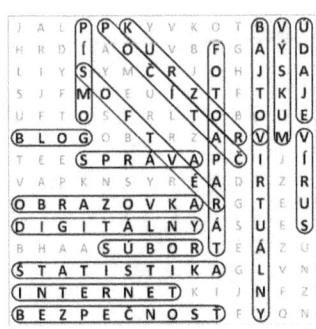

55 - Wasser

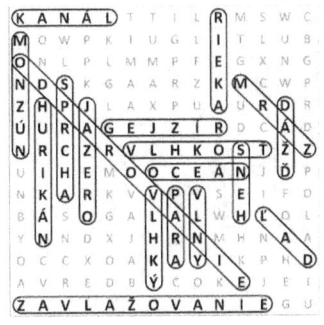

56 - Science Fiction

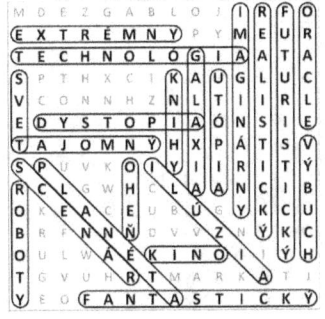

57 - Haustiere

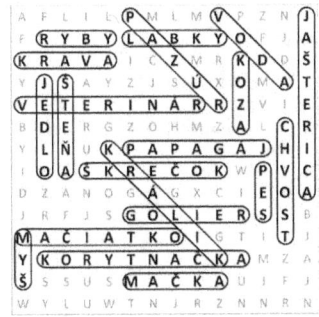

58 - Geburtstag

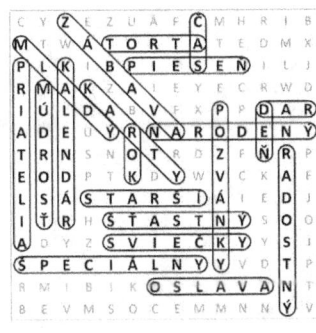

59 - Literatur

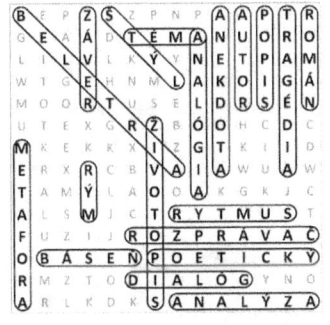

60 - Wandern

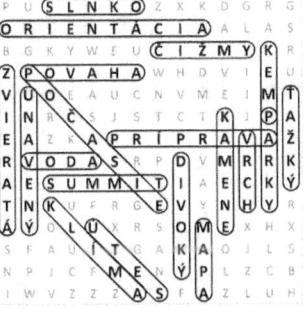

61 - Länder #2

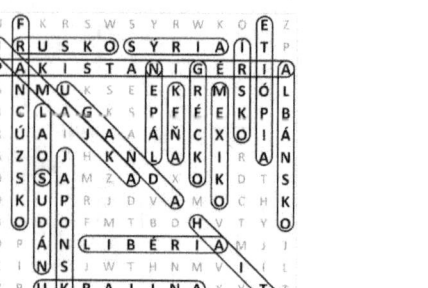

62 - Fahrzeuge

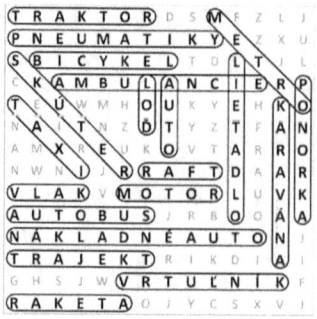

63 - Badezimmer

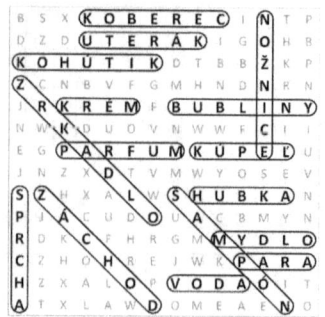

64 - Musikinstrumente

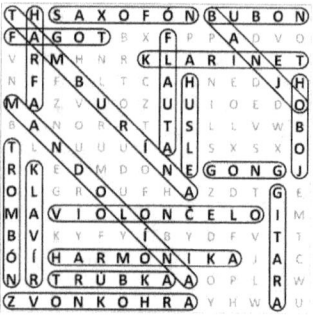

65 - Blumen

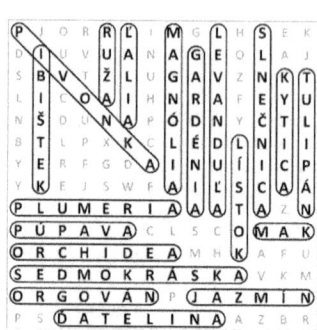

66 - Natur

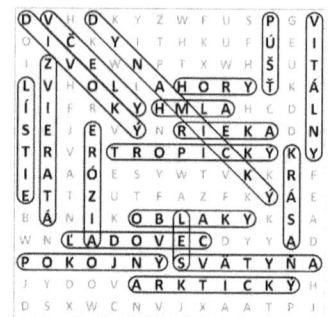

67 - Urlaub #2

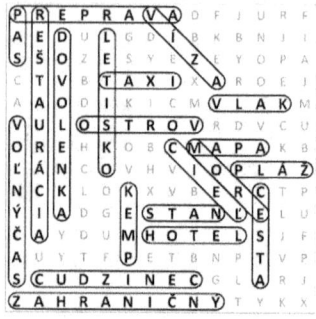

68 - Zirkus

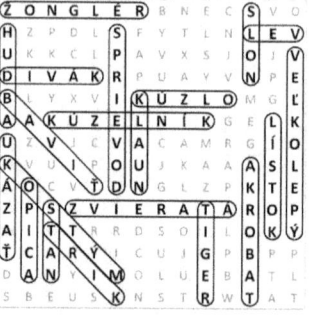

69 - Barbecues

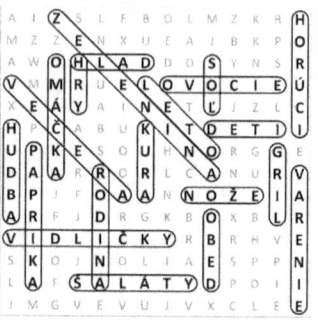

70 - Küche

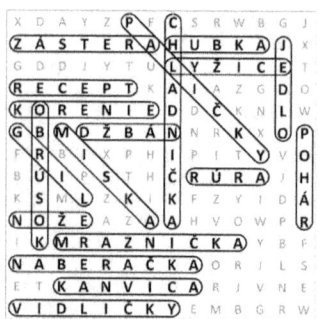

71 - Schach

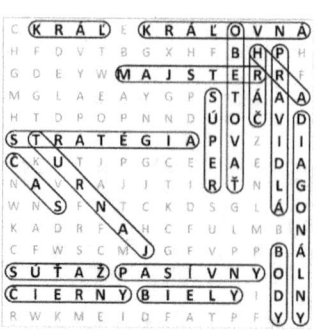

72 - Erhaltung

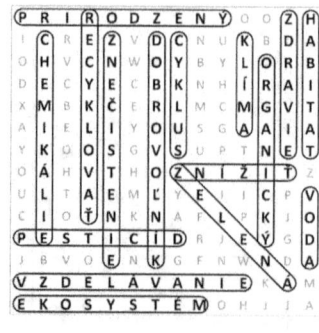

73 - Geographie

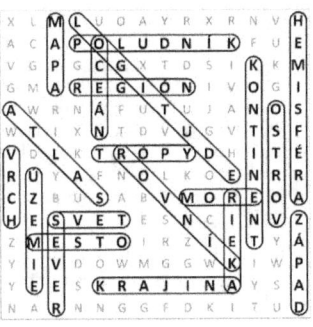

74 - Zahlen

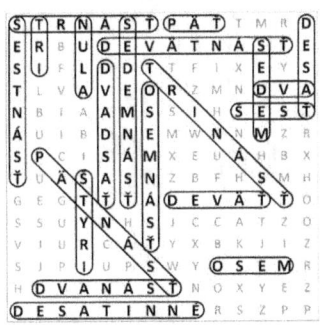

75 - Kunst Liefert

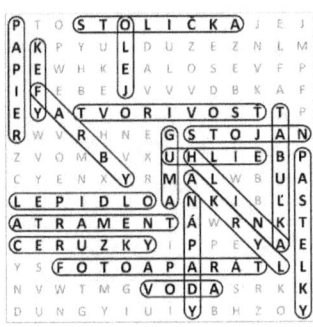

76 - Tage und Monate

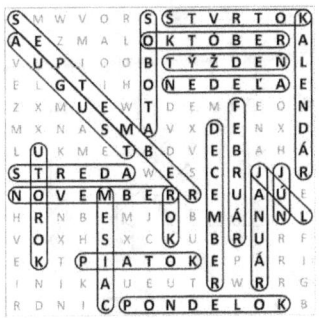

77 - Piraten

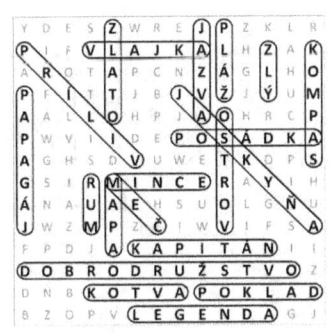

78 - Emotionen

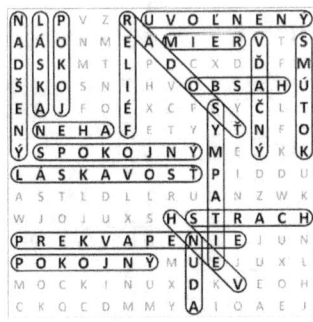

79 - Zu Füllen

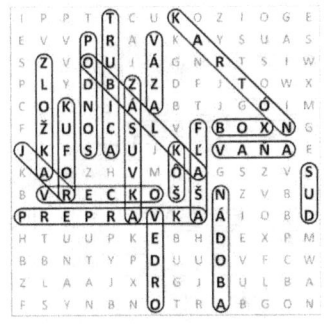

80 - Surfen

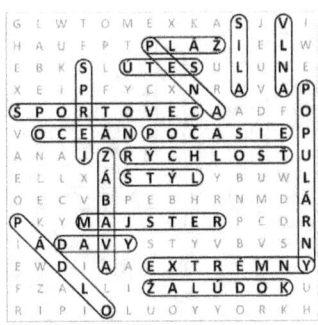

81 - Möbel

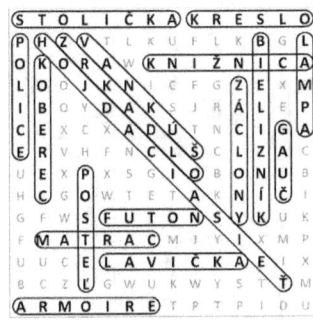

82 - Kräuterkunde

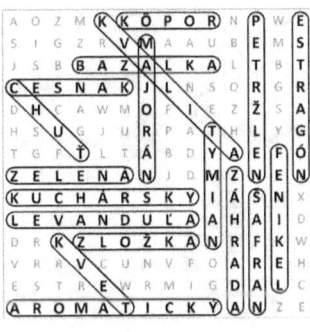

83 - Tugenden #1

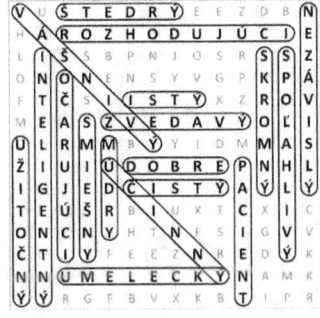

84 - Aktivitäten und Freizeit

85 - Formen

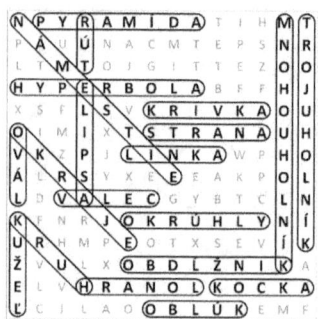

86 - Adjektive #2

87 - Kleidung

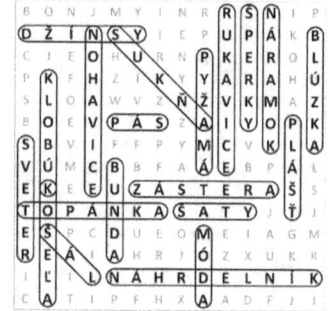

88 - Sommer

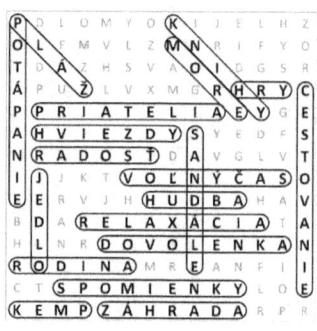

89 - Farben

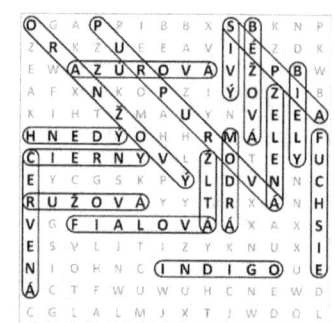

90 - Haus

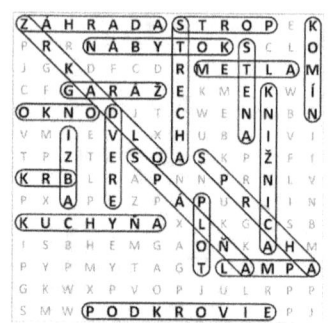

91 - Bauernhof #1

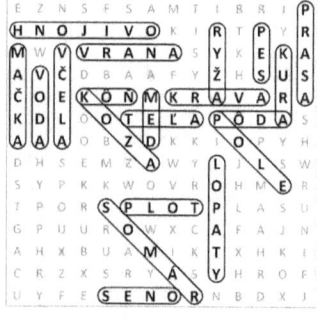

92 - Berufe #1

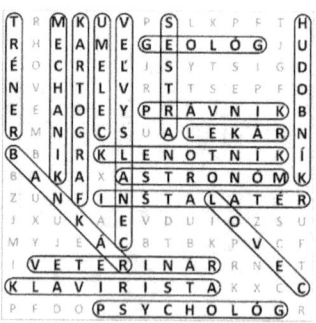

93 - Adjektive #1

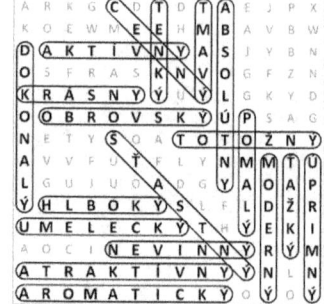

94 - Mathematik

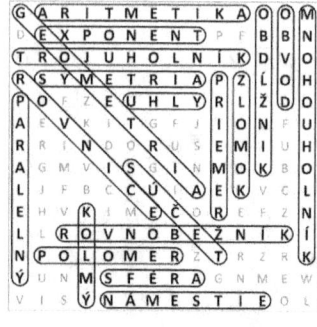

95 - Messungen

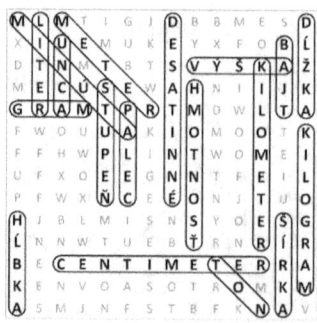

96 - Schlösser

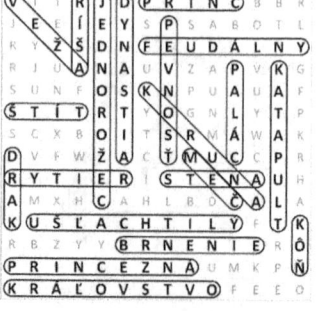

97 - Bauernhof #2

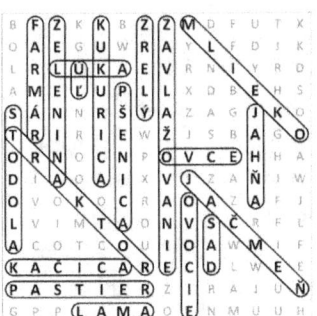

98 - Berufe #2

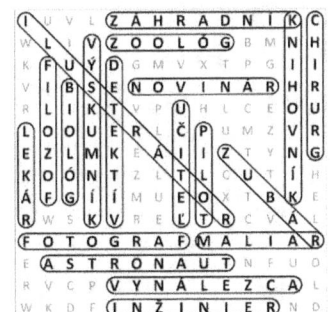

99 - Erforschung

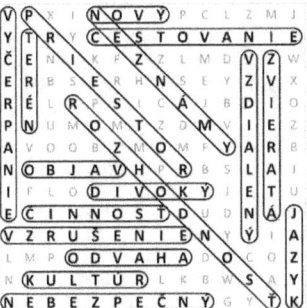

100 - Wetter

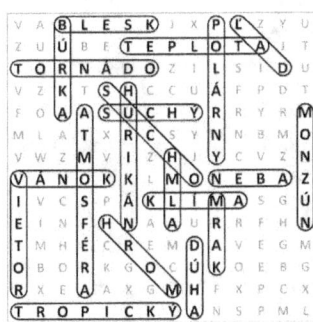

Wörterbuch

Abenteuer
Dobrodružstvo

Aktivität	Činnosť
Ausflug	Exkurzia
Chance	Šanca
Freude	Radosť
Freunde	Priatelia
Gefährlich	Nebezpečný
Gelegenheit	Príležitosť
Natur	Povaha
Navigation	Navigácia
Neu	Nový
Reisen	Cestuje
Route	Itinerár
Schönheit	Krása
Schwierigkeit	Obtiažnosť
Sicherheit	Bezpečnosť
Tapferkeit	Statočnosť
Ungewöhnlich	Neobvyklý
Überraschend	Prekvapivý
Vorbereitung	Príprava
Ziel	Cieľ

Adjektive #1
Prídavné Mená #1

Absolut	Absolútny
Aktiv	Aktívny
Aromatisch	Aromatický
Attraktiv	Atraktívny
Dunkel	Tmavý
Dünn	Tenký
Ehrlich	Úprimný
Glücklich	Šťastný
Identisch	Totožný
Künstlerisch	Umelecký
Langsam	Pomalý
Modern	Moderný
Perfekt	Dokonalý
Riesig	Obrovský
Schön	Krásny
Schwer	Ťažký
Tief	Hlboký
Unschuldig	Nevinný
Wertvoll	Cenný
Wichtig	Dôležitý

Adjektive #2
Prídavné Mená #2

Authentisch	Autentický
Berühmt	Slávny
Beschreibend	Popisný
Dramatisch	Dramatický
Elegant	Elegantný
Essbar	Jedlé
Frisch	Čerstvý
Gesund	Zdravý
Hungrig	Hladný
Interessant	Zaujímavý
Kreativ	Kreatívny
Natürlich	Prirodzený
Neu	Nový
Normal	Normálny
Produktiv	Produktívny
Salzig	Slaný
Stark	Silný
Stolz	Hrdý
Verantwortlich	Zodpovedný
Wild	Divoký

Aktivitäten
Činnosti

Aktivität	Činnosť
Angeln	Rybolov
Camping	Kemp
Entspannung	Relaxácia
Fähigkeit	Zručnosť
Freizeit	Voľný Čas
Gartenarbeit	Záhradníctvo
Gemälde	Obraz
Jagd	Lov
Keramik	Keramika
Kunst	Umenie
Kunsthandwerk	Remeslá
Lesen	Čítanie
Magie	Kúzlo
Nähen	Šitie
Spiele	Hry
Stricken	Pletenie
Tanzen	Tanec
Vergnügen	Potešenie
Wandern	Turistika

Aktivitäten und Freizeit
Aktivity a Voľný Čas

Angeln	Rybolov
Baseball	Bejzbal
Basketball	Basketbal
Boxen	Boxu
Camping	Kemp
Entspannend	Relaxačný
Fussball	Futbal
Gartenarbeit	Záhradníctvo
Gemälde	Obraz
Golf	Golf
Hobbies	Koníčky
Kunst	Umenie
Reise	Cestovanie
Schwimmen	Plávanie
Surfen	Surfovanie
Tauchen	Potápanie
Tennis	Tenis
Volleyball	Volejbal
Wandern	Turistika

Angeln
Rybárčenie

Ausrüstung	Zariadenie
Boot	Loď
Draht	Drôt
Flossen	Plutvy
Fluss	Rieka
Geduld	Trpezlivosť
Gewicht	Hmotnosť
Haken	Háčik
Kiefer	Čeľusť
Kiemen	Žiabre
Korb	Kôš
Köder	Návnada
Ozean	Oceán
See	Jazero
Strand	Pláž
Übertreibung	Preháňanie
Waage	Váhy
Wasser	Voda

Antarktis
Antarktída

Bucht	Záliv
Eis	Ľad
Erhaltung	Ochrana
Expedition	Expedícia
Felsig	Skalnatý
Forscher	Výskumník
Geographie	Geografia
Gletscher	Ľadovce
Halbinsel	Polostrov
Kontinent	Kontinent
Migration	Migrácia
Mineralien	Minerály
Temperatur	Teplota
Topographie	Topografia
Umwelt	Prostredie
Vögel	Vtáky
Wasser	Voda
Wetter	Počasie
Wind	Vetry
Wissenschaftlich	Vedecký

Astronomie
Astronómia

Asteroid	Asteroid
Astronaut	Astronaut
Astronom	Astronóm
Erde	Zem
Himmel	Neba
Komet	Kométa
Konstellation	Súhvezdie
Kosmos	Kozmos
Meteor	Meteor
Mond	Mesiac
Nebel	Hmlovina
Observatorium	Observatórium
Planet	Planéta
Rakete	Raketa
Satellit	Satelitný
Stern	Hviezda
Supernova	Supernova
Teleskop	Teleskop
Tierkreis	Zverokruh
Universum	Vesmír

Badezimmer
Kúpeľňa

Bad	Kúpeľ
Blasen	Bubliny
Dampf	Para
Dusche	Sprcha
Handtuch	Uterák
Lotion	Krém
Parfüm	Parfum
Schere	Nožnice
Schwamm	Hubka
Seife	Mydlo
Shampoo	Šampón
Spiegel	Zrkadlo
Teppich	Koberec
Toilette	Záchod
Wasser	Voda
Wasserhahn	Kohútik

Ballett
Baletné

Anmutig	Pôvabný
Applaus	Potlesk
Ausdrucksvoll	Expresívny
Ballerina	Balerína
Choreographie	Choreografia
Fähigkeit	Zručnosť
Geste	Gesto
Intensität	Intenzita
Komponist	Skladateľ
Künstlerisch	Umelecký
Musik	Hudba
Muskel	Svaly
Orchester	Orchester
Probe	Skúška
Publikum	Publikum
Rhythmus	Rytmus
Solo	Sólo
Stil	Štýl
Tänzer	Tanečníci
Technik	Technika

Barbecues
Grilovanie

Abendessen	Večera
Familie	Rodina
Frucht	Ovocie
Gabeln	Vidličky
Gemüse	Zelenina
Grill	Gril
Heiss	Horúci
Huhn	Kura
Hunger	Hlad
Kinder	Deti
Kochen	Varenie
Messer	Nože
Mittagessen	Obed
Musik	Hudba
Pfeffer	Paprika
Salate	Šaláty
Salz	Soľ
Sommer	Leto
Sosse	Omáčka
Spiele	Hry

Bauernhof #1
Farma #1

Biene	Včela
Dünger	Hnojivo
Esel	Somár
Feld	Pole
Heu	Seno
Honig	Med
Huhn	Kura
Hund	Pes
Kalb	Teľa
Katze	Mačka
Krähe	Vrana
Kuh	Krava
Land	Pôda
Pferd	Kôň
Reis	Ryža
Schaufeln	Lopaty
Schwein	Prasa
Wasser	Voda
Zaun	Plot
Ziege	Koza

Bauernhof #2
Farma # 2

Bauer	Farmár
Bewässerung	Zavlažovanie
Bienenstock	Úľ
Ente	Kačica
Frucht	Ovocie
Gemüse	Zelenina
Gerste	Jačmeň
Lama	Lama
Lamm	Jahňa
Mais	Kukurica
Milch	Mlieko
Obstgarten	Sad
Reif	Zrelý
Schaf	Ovce
Schäfer	Pastier
Scheune	Stodola
Traktor	Traktor
Weizen	Pšenica
Wiese	Lúka
Windmühle	Veterný Mlyn

Berufe #1
Profesie #1

Arzt	Lekár
Astronom	Astronóm
Bankier	Bankár
Botschafter	Veľvyslanec
Buchhalter	Účtovník
Geologe	Geológ
Jäger	Lovec
Juwelier	Klenotník
Kartograph	Kartograf
Klempner	Inštalatér
Krankenschwester	Sestra
Künstler	Umelec
Mechaniker	Mechanik
Musiker	Hudobník
Pianist	Klavirista
Psychologe	Psychológ
Rechtsanwalt	Právnik
Tänzer	Tanečník
Tierarzt	Veterinár
Trainer	Tréner

Berufe #2
Profesie #2

Arzt	Lekár
Astronaut	Astronaut
Bibliothekar	Knihovník
Biologe	Biológ
Chirurg	Chirurg
Detektiv	Detektív
Erfinder	Vynálezca
Forscher	Výskumník
Fotograf	Fotograf
Gärtner	Záhradník
Illustrator	Ilustrátor
Ingenieur	Inžinier
Journalist	Novinár
Lehrer	Učiteľ
Linguist	Lingvista
Maler	Maliar
Philosoph	Filozof
Pilot	Pilot
Zahnarzt	Zubár
Zoologe	Zoológ

Bienen
Včely

Bestäuber	Opeľovačov
Bienenkorb	Úľ
Blumen	Kvety
Blüte	Kvet
Flügel	Krídla
Frucht	Ovocie
Garten	Záhrada
Honig	Med
Insekt	Hmyz
Königin	Kráľovná
Lebensraum	Habitat
Ökosystem	Ekosystém
Pflanzen	Rastliny
Pollen	Peľ
Rauch	Dym
Schwarm	Roj
Sonne	Slnko
Vielfalt	Rôznorodosť
Vorteilhaft	Prospešný
Wachs	Vosk

Bildende Kunst
Vizuálne Umenie

Architektur	Architektúra
Bleistift	Ceruzka
Film	Film
Foto	Fotografia
Gemälde	Maľovanie
Holzkohle	Uhlie
Keramik	Keramika
Kreativität	Tvorivosť
Kreide	Krieda
Künstler	Umelec
Lack	Lak
Perspektive	Perspektíva
Porträt	Portrét
Skulptur	Socha
Staffelei	Stojan
Stift	Pero
Ton	Hlina
Wachs	Vosk
Zusammensetzung	Zloženie

Blumen
Kvety

Blütenblatt	Lístok
Gardenie	Gardénia
Gänseblümchen	Sedmokráska
Hibiskus	Ibištek
Jasmin	Jazmín
Klee	Ďatelina
Lavendel	Levanduľa
Lila	Orgován
Lilie	Ľalia
Löwenzahn	Púpava
Magnolie	Magnólia
Mohn	Mak
Orchidee	Orchidea
Pfingstrose	Pivonka
Plumeria	Plumeria
Rose	Ruža
Sonnenblume	Slnečnica
Strauss	Kytica
Tulpe	Tulipán

Boote
Lode

Anker	Kotva
Boje	Bója
Crew	Posádka
Dock	Dok
Fähre	Trajekt
Floss	Raft
Fluss	Rieka
Kajak	Kajak
Kanu	Kanoe
Mast	Stožiar
Meer	More
Motor	Motor
Nautisch	Námorných
Ozean	Oceán
Rettungsboot	Lifeboat
See	Jazero
Segelboot	Plachetnica
Seil	Lano
Wellen	Vlny
Yacht	Jachta

Bücher
Knihy

Abenteuer	Dobrodružstvo
Autor	Autor
Dualität	Dualita
Episch	Epos
Erfinderisch	Vynaliezavý
Erzähler	Rozprávač
Gedicht	Báseň
Geschichte	Príbeh
Geschrieben	Písaný
Historisch	Historický
Humorvoll	Humorný
Kollektion	Zbierka
Kontext	Kontext
Leser	Čitateľ
Literarisch	Literárny
Poesie	Poézia
Roman	Román
Seite	Strana
Serie	Séria
Tragisch	Tragický

Camping
Kempovanie

Abenteuer	Dobrodružstvo
Bäume	Stromy
Berg	Vrch
Feuer	Oheň
Hängematte	Hojdacia Sieť
Hut	Klobúk
Insekt	Hmyz
Jagd	Lov
Kabine	Kabína
Kanu	Kanoe
Karte	Mapa
Kompass	Kompas
Mond	Mesiac
Natur	Povaha
See	Jazero
Seil	Lano
Spass	Zábava
Tiere	Zvieratá
Wald	Les
Zelt	Stan

Dinosaurier
Dinosaury

Allesfresser	Omnivor
Art	Druh
Beute	Korisť
Bösartig	Začarovaný
Enorm	Ohromný
Erde	Zem
Evolution	Vývoj
Fleischfresser	Mäsožravec
Flügel	Krídla
Fossilien	Fosílie
Gross	Veľký
Grösse	Veľkosť
Leistungsstark	Mocný
Mammut	Mamut
Pflanzenfresser	Bylinožravec
Prähistorisch	Prehistorický
Raubvogel	Raptor
Reptil	Plaz
Schwanz	Chvost
Verschwinden	Zmiznutie

Emotionen
Emócie

Angst	Strach
Aufgeregt	Nadšený
Dankbar	Vďačný
Entspannt	Uvoľnený
Freude	Radosť
Freundlichkeit	Láskavosť
Frieden	Mier
Inhalt	Obsah
Langeweile	Nuda
Liebe	Láska
Relief	Reliéf
Ruhe	Pokoj
Ruhig	Pokojný
Sympathie	Sympatie
Traurigkeit	Smútok
Überraschen	Prekvapenie
Wut	Hnev
Zärtlichkeit	Neha
Zufrieden	Spokojný

Erforschung
Prieskum

Aktivität	Činnosť
Aufregung	Vzrušenie
Entdeckung	Objav
Entschlossenheit	Rozhodnosť
Erschöpfung	Vyčerpanie
Fern	Vzdialený
Gefährlich	Nebezpečný
Gelände	Terén
Kulturen	Kultúr
Mut	Odvaha
Neu	Nový
Raum	Priestor
Reise	Cestovanie
Sprache	Jazyk
Tiere	Zvieratá
Unbekannt	Neznámy
Wild	Divoký

Erhaltung
Zachovanie

Bildung	Vzdelávanie
Chemikalien	Chemikálie
Freiwillige	Dobrovoľník
Gesundheit	Zdravie
Grün	Zelená
Klima	Klíma
Lebensraum	Habitat
Nachhaltig	Udržateľný
Natürlich	Prirodzený
Organisch	Organický
Ökosystem	Ekosystém
Pestizid	Pesticíd
Recyceln	Recyklovať
Reduzieren	Znížiť
Umwelt	Ekologický
Verschmutzung	Znečistenie
Wasser	Voda
Zyklus	Cyklus

Ernährung
Výživa

Appetit	Chuť
Ausgewogen	Vyvážený
Bitter	Horký
Diät	Diéta
Essbar	Jedlé
Fermentation	Kvasenie
Gesund	Zdravý
Gesundheit	Zdravie
Getreide	Obilniny
Gewicht	Hmotnosť
Kalorien	Kalórie
Kohlenhydrate	Sacharidy
Nährstoff	Živín
Portion	Časť
Proteine	Bielkoviny
Qualität	Kvalita
Sosse	Omáčka
Toxin	Toxín
Verdauung	Trávenie
Vitamin	Vitamín

Essen #1
Jedlo #1

Basilikum	Bazalka
Birne	Hruška
Erdbeere	Jahoda
Erdnuss	Arašid
Fleisch	Mäso
Kaffee	Káva
Karotte	Mrkva
Knoblauch	Cesnak
Milch	Mlieko
Rübe	Kvaka
Saft	Šťava
Salat	Šalát
Salz	Soľ
Spinat	Špenát
Suppe	Polievka
Thunfisch	Tuniak
Zimt	Škorica
Zitrone	Citrón
Zucker	Cukor
Zwiebel	Cibuľa

Essen #2
Jedlo #2

Apfel	Jablko
Artischocke	Artičok
Aubergine	Baklažán
Banane	Banán
Brokkoli	Brokolica
Brot	Chlieb
Ei	Vajec
Fisch	Ryby
Joghurt	Jogurt
Käse	Syr
Kirsche	Čerešňa
Mandel	Mandle
Pilz	Huba
Reis	Ryža
Schinken	Šunka
Schokolade	Čokoláda
Sellerie	Zeler
Spargel	Šparǵa
Tomate	Paradajka
Weizen	Pšenica

Fahren
Šoférovanie

Auto	Auto
Bremsen	Brzdy
Brennstoff	Palivo
Bus	Autobus
Fussgänger	Pešej
Garage	Garáž
Gas	Plyn
Geschwindigkeit	Rýchlosť
Karte	Mapa
Lizenz	Licencia
Lkw	Nákladné Auto
Motor	Motor
Motorrad	Motocykel
Polizei	Polícia
Sicherheit	Bezpečnosť
Transport	Preprava
Tunnel	Tunel
Unfall	Nehoda
Verkehr	Doprava
Vorsicht	Opatrnosť

Fahrzeuge
Vozidlá

Auto	Auto
Boot	Loď
Bus	Autobus
Fahrrad	Bicykel
Fähre	Trajekt
Floss	Raft
Flugzeug	Lietadlo
Hubschrauber	Vrtuľník
Krankenwagen	Ambulancie
Lkw	Nákladné Auto
Motor	Motor
Rakete	Raketa
Reifen	Pneumatiky
Roller	Skúter
Taxi	Taxi
Traktor	Traktor
U-Bahn	Metro
U-Boot	Ponorka
Wohnwagen	Karavána
Zug	Vlak

Familie
Rodinná

Bruder	Brat
Ehefrau	Manželka
Ehemann	Manžel
Enkel	Vnuk
Grossmutter	Babička
Grossvater	Dedko
Kind	Dieťa
Kindheit	Detstvo
Mutter	Matka
Mütterlich	Matiek
Neffe	Synovec
Nichte	Neter
Onkel	Strýko
Schwester	Sestra
Tante	Teta
Tochter	Dcéra
Vater	Otec
Väterlich	Otcovské
Vetter	Bratranec
Vorfahr	Predok

Farben
Farby

Beige	Béžová
Blau	Modrá
Braun	Hnedý
Fuchsie	Fuchsie
Gelb	Žltá
Grau	Sivý
Grün	Zelená
Indigo	Indigo
Lila	Fialová
Magenta	Purpurová
Orange	Oranžový
Rosa	Ružová
Rot	Červená
Schwarz	Čierny
Sepia	Sépia
Weiss	Biely
Zyan	Azúrová

Flugzeuge
Lietadlá

Abenteuer	Dobrodružstvo
Abstieg	Zostup
Atmosphäre	Atmosféra
Ballon	Balón
Brennstoff	Palivo
Crew	Posádka
Design	Dizajn
Geschichte	História
Himmel	Neba
Höhe	Výška
Konstruktion	Konštrukcia
Luft	Vzduch
Motor	Motor
Navigieren	Navigovať
Passagier	Cestujúci
Pilot	Pilot
Propeller	Vrtule
Turbulenz	Turbulencia
Wasserstoff	Vodík
Wetter	Počasie

Formen
Tvary

Bogen	Oblúk
Dreieck	Trojuholník
Ecke	Rút
Ellipse	Elipsa
Hyperbel	Hyperbola
Kanten	Okraje
Kegel	Kužeľ
Kreis	Kruh
Kurve	Krivka
Linie	Linka
Oval	Ovál
Polygon	Mnohouholník
Prisma	Hranol
Pyramide	Pyramída
Quadrat	Námestie
Rechteck	Obdĺžnik
Rund	Okrúhly
Seite	Strana
Würfel	Kocka
Zylinder	Valec

Garten
Záhradný

Bank	Lavička
Baum	Strom
Blume	Kvet
Boden	Pôda
Busch	Ker
Garage	Garáž
Garten	Záhrada
Gras	Tráva
Hängematte	Hojdacia Sieť
Obstgarten	Sad
Rasen	Trávnik
Rechen	Hrable
Schaufel	Lopata
Schlauch	Hadica
Teich	Rybník
Terrasse	Terasa
Trampolin	Trampolína
Unkraut	Buriny
Veranda	Veranda
Zaun	Plot

Gebäude
Budovy

Bauernhof	Farma
Fabrik	Továreň
Garage	Garáž
Haus	Dom
Herberge	Hostel
Hotel	Hotel
Kabine	Kabína
Kino	Kino
Krankenhaus	Nemocnica
Labor	Laboratórium
Museum	Múzeum
Observatorium	Observatórium
Scheune	Stodola
Schule	Škola
Stadion	Štadión
Supermarkt	Supermarket
Theater	Divadlo
Turm	Veža
Universität	Univerzita
Zelt	Stan

Geburtstag
Narodeniny

Älter	Starší
Einladungen	Pozvánky
Feier	Oslava
Freudig	Radostný
Freunde	Priatelia
Geboren	Narodený
Geschenk	Dar
Glücklich	Šťastný
Jahr	Rok
Jung	Mladý
Kalender	Kalendár
Karten	Karty
Kerzen	Sviečky
Kuchen	Torta
Lied	Pieseň
Spass	Zábava
Spezial	Špeciálny
Tag	Deň
Weisheit	Múdrosť
Zeit	Čas

Gemüse
Zelenina

Artischocke	Artičok
Aubergine	Baklažán
Blumenkohl	Karfiol
Brokkoli	Brokolica
Erbse	Hrach
Gurke	Uhorka
Ingwer	Zázvor
Karotte	Mrkva
Kartoffel	Zemiak
Knoblauch	Cesnak
Kürbis	Tekvica
Olive	Olivový
Petersilie	Petržlen
Pilz	Huba
Rübe	Kvaka
Salat	Šalát
Sellerie	Zeler
Spinat	Špenát
Tomate	Paradajka
Zwiebel	Cibuľa

Geographie
Geografia

Atlas	Atlas
Äquator	Rovník
Berg	Vrch
Fluss	Rieka
Gebiet	Územie
Hemisphäre	Hemisféra
Insel	Ostrov
Karte	Mapa
Kontinent	Kontinent
Land	Krajina
Längengrad	Logitude
Meer	More
Meridian	Poludník
Norden	Sever
Ozean	Oceán
Region	Región
Stadt	Mesto
Tropen	Trópy
Welt	Svet
West	Západ

Geologie
Geológia

Erdbeben	Zemetrasenie
Erosion	Erózia
Fossil	Fosílne
Geschmolzen	Roztavený
Geysir	Gejzír
Höhle	Jaskyňa
Kalzium	Vápnik
Kontinent	Kontinent
Koralle	Koralov
Lava	Láva
Mineralien	Minerály
Plateau	Plošina
Quarz	Kremeň
Salz	Soľ
Säure	Kyselina
Stalagmiten	Stalagmity
Stalaktit	Stalaktit
Stein	Kameň
Vulkan	Sopka
Zone	Zóna

Gewürze
Korenie

Anis	Aníz
Bitter	Horký
Curry	Kari
Fenchel	Fenikel
Geschmack	Chuť
Ingwer	Zázvor
Kardamom	Kardamon
Knoblauch	Cesnak
Koriander	Koriander
Kreuzkümmel	Rasca
Kurkuma	Kurkuma
Nelke	Klinček
Paprika	Paprika
Safran	Šafran
Salz	Soľ
Süss	Sladký
Vanille	Vanilka
Zimt	Škorica
Zwiebel	Cibuľa

Haartypen
Typy Vlasov

Blond	Blond
Braun	Hnedý
Dick	Hrubý
Dünn	Tenký
Farbig	Farebné
Geflochten	Pletené
Gesund	Zdravý
Grau	Šedá
Kahl	Plešatý
Kurz	Krátky
Lang	Dlhý
Locken	Kučery
Lockig	Kučeravý
Schwarz	Čierny
Silber	Striebro
Trocken	Suchý
Weich	Mäkký
Weiss	Biely
Wellig	Vlnitý
Zöpfe	Vrkôčiky

Haus
Dom

Besen	Metla
Bibliothek	Knižnica
Dach	Strecha
Dachboden	Podkrovie
Decke	Strop
Dusche	Sprcha
Fenster	Okno
Garage	Garáž
Garten	Záhrada
Kamin	Krb
Küche	Kuchyňa
Lampe	Lampa
Möbel	Nábytok
Schlafzimmer	Spálňa
Schornstein	Komín
Spiegel	Zrkadlo
Tür	Dvere
Wand	Stena
Zaun	Plot
Zimmer	Izba

Haustiere
Domáce Zvieratá

Eidechse	Jašterica
Essen	Jedlo
Fisch	Ryby
Hamster	Škrečok
Hase	Králik
Hund	Pes
Katze	Mačka
Kätzchen	Mačiatko
Kragen	Golier
Krallen	Pazúr
Kuh	Krava
Maus	Myš
Papagei	Papagáj
Pfoten	Labky
Schildkröte	Korytnačka
Schwanz	Chvost
Tierarzt	Veterinár
Wasser	Voda
Welpe	Šteňa
Ziege	Koza

Insekten
Hmyz

Ameise	Mravec
Biene	Včela
Blattlaus	Voška
Floh	Blcha
Gottesanbeterin	Mantis
Heuschrecke	Kobylka
Hornisse	Sršeň
Kakerlake	Šváb
Käfer	Chrobák
Larve	Larva
Libelle	Vážka
Marienkäfer	Lienka
Motte	Mor
Mücke	Komár
Schmetterling	Motýľ
Termite	Termit
Wespe	Osa
Wurm	Červ
Zikade	Cikáda

Katzen
Mačky

Fell	Kožušina
Garn	Priadza
Jäger	Lovec
Komisch	Smiešny
Kralle	Pazúr
Maus	Myš
Neugierig	Zvedavý
Persönlichkeit	Osobnosť
Pfote	Labka
Schlafen	Spánok
Schnell	Rýchly
Schüchtern	Plachý
Schwanz	Chvost
Unabhängig	Nezávislý
Verrückt	Bláznivý
Verspielt	Hravý
Wenig	Málo
Wild	Divoký

Kleidung
Oblečenie

Armband	Náramok
Bluse	Blúzka
Gürtel	Pás
Halskette	Náhrdelník
Handschuhe	Rukavice
Hemd	Košeľa
Hose	Nohavice
Hut	Klobúk
Jacke	Bunda
Jeans	Džínsy
Kleid	Šaty
Mantel	Plášť
Mode	Móda
Pullover	Sveter
Rock	Sukňa
Schal	Šál
Schlafanzug	Pyžamá
Schmuck	Šperky
Schuh	Topánka
Schürze	Zástera

Klettern
Horolezectvo

Atmosphäre	Atmosféra
Ausbildung	Tréning
Experte	Odborník
Gelände	Terén
Handschuhe	Rukavice
Helm	Prilba
Höhle	Jaskyňa
Karte	Mapa
Neugier	Zvedavosť
Physisch	Fyzický
Schmal	Úzky
Stabilität	Stabilita
Stärke	Sila
Stiefel	Čižmy
Verletzung	Zranenie
Wandern	Turistika

Kräuterkunde
Bylinkárstvo

Aromatisch	Aromatický
Basilikum	Bazalka
Blume	Kvet
Dill	Kôpor
Estragon	Estragón
Fenchel	Fenikel
Garten	Záhrada
Geschmack	Chuť
Grün	Zelená
Knoblauch	Cesnak
Kulinarisch	Kuchársky
Lavendel	Levanduľa
Majoran	Majorán
Petersilie	Petržlen
Qualität	Kvalita
Rosmarin	Rozmarín
Safran	Šafran
Thymian	Tymian
Vorteilhaft	Prospešný
Zutat	Zložka

Kunst
Umenie

Ausdruck	Výraz
Ehrlich	Úprimný
Einfach	Jednoduchý
Gegenstand	Predmet
Gemälde	Obrazy
Inspiriert	Inšpirovaný
Keramik	Keramický
Komplex	Komplexné
Original	Pôvodný
Persönlich	Osobný
Poesie	Poézia
Porträtieren	Vykresliť
Schaffen	Vytvoriť
Skulptur	Socha
Stimmung	Nálada
Surrealismus	Surrealizmus
Symbol	Symbol
Visuell	Vizuálny
Zusammensetzung	Zloženie

Kunst Liefert
Umelecké Potreby

Acryl	Akryl
Bleistifte	Ceruzky
Buntstifte	Pastelky
Bürsten	Kefy
Farben	Farby
Holzkohle	Uhlie
Ideen	Nápady
Kamera	Fotoaparát
Kreativität	Tvorivosť
Leim	Lepidlo
Öl	Olej
Papier	Papier
Radiergummi	Guma
Staffelei	Stojan
Stuhl	Stolička
Tabelle	Tabuľka
Tinte	Atrament
Ton	Hlina
Wasser	Voda

Küche
Kuchyňa

Essen	Jedlo
Essstäbchen	Paličky
Gabeln	Vidličky
Gefrierschrank	Mraznička
Gewürze	Korenie
Grill	Gril
Kelle	Naberačka
Krug	Džbán
Kühlschrank	Chladnička
Löffel	Lyžice
Messer	Nože
Ofen	Rúra
Rezept	Recept
Schürze	Zástera
Schüssel	Miska
Schwamm	Hubka
Serviette	Obrúsok
Tassen	Pohár
Wasserkocher	Kanvica

Landschaften
Krajinky

Berg	Vrch
Eisberg	Ľadovec
Fluss	Rieka
Geysir	Gejzír
Golf	Záliv
Halbinsel	Polostrov
Höhle	Jaskyňa
Hügel	Kopec
Insel	Ostrov
Lagune	Lagúna
Meer	More
Oase	Oáza
See	Jazero
Strand	Pláž
Sumpf	Močiar
Tal	Údolie
Tundra	Tundra
Vulkan	Sopka
Wasserfall	Vodopád
Wüste	Púšť

Länder #2
Krajiny #2

Albanien	Albánsko
Äthiopien	Etiópia
Frankreich	Francúzsko
Griechenland	Grécko
Haiti	Haiti
Irland	Írsko
Jamaika	Jamajka
Japan	Japonsko
Kenia	Keňa
Laos	Laos
Liberia	Libéria
Mexiko	Mexiko
Nepal	Nepál
Nigeria	Nigéria
Pakistan	Pakistan
Russland	Rusko
Sudan	Sudán
Syrien	Sýria
Uganda	Uganda
Ukraine	Ukrajina

Literatur
Literatúra

Analogie	Analógia
Analyse	Analýza
Anekdote	Anekdota
Autor	Autor
Beschreibung	Popis
Biographie	Životopis
Dialog	Dialóg
Erzähler	Rozprávač
Fiktion	Beletria
Gedicht	Báseň
Metapher	Metafora
Poetisch	Poetický
Reim	Rým
Rhythmus	Rytmus
Roman	Román
Schlussfolgerung	Záver
Stil	Štýl
Thema	Téma
Tragödie	Tragédia
Vergleich	Porovnanie

Mathematik
Matematika

Arithmetik	Aritmetika
Bruchteil	Zlomok
Dezimal	Desatinné
Dreieck	Trojuholník
Durchmesser	Priemer
Exponent	Exponent
Geometrie	Geometria
Gleichung	Rovnice
Kugel	Sféra
Parallel	Paralelný
Parallelogramm	Rovnobežník
Polygon	Mnohouholník
Quadrat	Námestie
Radius	Polomer
Rechteck	Obdĺžnik
Senkrecht	Kolmý
Summe	Súčet
Symmetrie	Symetria
Umfang	Obvod
Winkel	Uhly

Meditation
Meditácia

Annahme	Prijatie
Atmung	Dýchanie
Aufmerksamkeit	Pozornosť
Bewegung	Pohyb
Dankbarkeit	Vďačnosť
Freundlichkeit	Láskavosť
Frieden	Mier
Gedanken	Myšlienky
Geistig	Mentálny
Glück	Šťastie
Klarheit	Jasnosť
Lehre	Učenie
Mitgefühl	Súcit
Musik	Hudba
Natur	Povaha
Perspektive	Perspektíva
Ruhig	Pokojný
Stille	Ticho
Verstand	Myseľ
Wach	Prebudiť

Meisterschaft
Majstrovstvá

Atmen	Dýchať
Ausdauer	Vytrvalosť
Champion	Majster
Finalist	Finalista
Liga	Liga
Mannschaft	Tím
Medaille	Medaila
Meisterschaft	Majstrovstvo
Motivation	Motivácia
Performance	Výkon
Richter	Sudca
Schweiss	Pot
Sieg	Víťazstvo
Spiele	Hry
Sport	Športové
Strategie	Stratégia
Trainer	Tréner
Turnier	Turnaj

Menschlicher Körper
Ľudské Telo

Bein	Noha
Blut	Krv
Ellbogen	Lakeť
Finger	Prst
Gehirn	Mozog
Gesicht	Tvár
Hals	Krk
Hand	Ruka
Haut	Koža
Herz	Srdce
Kiefer	Čeľusť
Kinn	Brada
Knie	Koleno
Knöchel	Členok
Kopf	Hlava
Mund	Ústa
Nase	Nos
Ohr	Ucho
Schulter	Rameno
Zunge	Jazyk

Messungen
Merania

Breite	Šírka
Byte	Bajt
Dezimal	Desatinné
Gewicht	Hmotnosť
Grad	˙Stupeň
Gramm	Gram
Höhe	Výška
Kilogramm	Kilogram
Kilometer	Kilometer
Länge	Dĺžka
Liter	Liter
Meter	Meter
Minute	Minúta
Tiefe	Hĺbka
Tonne	Ton
Unze	Unca
Zentimeter	Centimeter
Zoll	Palec

Möbel
Vybavenie

Bank	Lavička
Bett	Posteľ
Bücherregal	Knižnica
Couch	Gauč
Futon	Futon
Hängematte	Hojdacia Sieť
Kissen	Vankúš
Kommode	Bielizník
Lampe	Lampa
Matratze	Matrac
Regal	Police
Schrank	Armoire
Sessel	Kreslo
Spiegel	Zrkadlo
Stuhl	Stolička
Teppich	Koberec
Vorhang	Záclony

Musikinstrumente
Hudobné Nástroje

Banjo	Banjo
Cello	Violončelo
Fagott	Fagot
Flöte	Flauta
Geige	Husle
Gitarre	Gitara
Glockenspiel	Zvonkohra
Gong	Gong
Harfe	Harfa
Klarinette	Klarinet
Klavier	Klavír
Mandoline	Mandolína
Mundharmonika	Harmonika
Oboe	Hoboj
Posaune	Trombón
Saxophon	Saxofón
Schlagzeug	Perkusie
Tamburin	Tamburína
Trommel	Bubon
Trompete	Trúbka

Mythologie
Mytológia

Archetyp	Archetyp
Blitz	Blesk
Donner	Hrom
Eifersucht	Žiarlivosť
Held	Hrdina
Heldin	Hrdinka
Himmel	Nebo
Katastrophe	Katastrofa
Kreation	Tvorba
Kreatur	Tvor
Krieger	Bojovník
Kultur	Kultúra
Labyrinth	Labyrint
Legende	Legenda
Monster	Príšera
Rache	Pomsta
Stärke	Sila
Sterblich	Smrteľný
Unsterblichkeit	Nesmrteľnosť
Verhalten	Správanie

Natur
Príroda

Arktis	Arktický
Berge	Hory
Bienen	Včely
Dynamisch	Dynamický
Erosion	Erózia
Fluss	Rieka
Gletscher	Ľadovec
Heiligtum	Svätyňa
Heiter	Pokojný
Laub	Lístie
Lebenswichtig	Vitálny
Nebel	Hmla
Schönheit	Krása
Tiere	Zvieratá
Tropisch	Tropický
Wald	Les
Wild	Divoký
Wolken	Oblaky
Wüste	Púšť

Obst
Ovocie

Ananas	Ananás
Apfel	Jablko
Aprikose	Marhule
Avocado	Avokádo
Banane	Banán
Beere	Bobule
Birne	Hruška
Brombeere	Černice
Grapefruit	Grapefruit
Himbeere	Malina
Kirsche	Čerešňa
Kiwi	Kivi
Kokosnuss	Kokosový
Melone	Melón
Orange	Oranžový
Papaya	Papája
Pfirsich	Broskyňa
Pflaume	Slivka
Traube	Hrozno
Zitrone	Citrón

Ozean
Oceán

Aal	Úhor
Auster	Ustrice
Boot	Loď
Delfin	Delfín
Fisch	Ryby
Garnele	Krevety
Gezeiten	Príliv
Hai	Žralok
Koralle	Koralov
Krabbe	Krab
Krake	Chobotnica
Qualle	Medúza
Riff	Útes
Salz	Soľ
Schildkröte	Korytnačka
Schwamm	Hubka
Sturm	Búrka
Thunfisch	Tuniak
Wal	Veľryba
Wellen	Vlny

Ökologie
Ekológia

Art	Druh
Berge	Hory
Dürre	Sucho
Fauna	Fauna
Flora	Flóra
Freiwillige	Dobrovoľníci
Gemeinschaft	Komunity
Global	Globálny
Klima	Klíma
Lebensraum	Habitat
Marine	Morský
Nachhaltig	Udržateľný
Natur	Povaha
Natürlich	Prirodzený
Pflanzen	Rastliny
Ressourcen	Zdroje
Sumpf	Močiar
Überleben	Prežitie
Vegetation	Vegetácia
Vielfalt	Rôznorodosť

Pflanzen
Rastliny

Bambus	Bambus
Baum	Strom
Beere	Bobule
Blume	Kvet
Blütenblatt	Lístok
Bohne	Fazuľa
Botanik	Botanika
Busch	Ker
Dünger	Hnojivo
Efeu	Brečtan
Flora	Flóra
Garten	Záhrada
Gras	Tráva
Kaktus	Kaktus
Kraut	Bylina
Laub	Lístie
Moos	Mach
Vegetation	Vegetácia
Wald	Les
Wurzel	Koreň

Piraten
Piráti

Abenteuer	Dobrodružstvo
Anker	Kotva
Crew	Posádka
Flagge	Vlajka
Gezeiten	Príliv
Gold	Zlato
Höhle	Jaskyňa
Insel	Ostrov
Kapitän	Kapitán
Karte	Mapa
Kompass	Kompas
Legende	Legenda
Münzen	Mince
Narbe	Jazva
Papagei	Papagáj
Rum	Rum
Schatz	Poklad
Schlecht	Zlý
Schwert	Meč
Strand	Pláž

Regenwald
Dažďový Prales

Amphibien	Obojživelníky
Art	Druh
Botanisch	Botanický
Dschungel	Džungle
Einheimisch	Domorodý
Gemeinschaft	Komunita
Insekten	Hmyz
Klima	Klíma
Moos	Mach
Natur	Povaha
Respekt	Rešpektovať
Säugetiere	Cicavce
Überleben	Prežitie
Vielfalt	Rôznorodosť
Vögel	Vtáky
Wertvoll	Cenný
Wolken	Oblaky
Zuflucht	Útočisko

Restaurant #1
Reštaurácia #1

Allergie	Alergia
Brot	Chlieb
Dessert	Dezert
Essen	Jedlo
Fleisch	Mäso
Huhn	Kura
Kaffee	Káva
Kassierer	Pokladník
Kellnerin	Čašníčka
Küche	Kuchyňa
Menü	Menu
Messer	Nôž
Reservierung	Rezervácia
Schüssel	Miska
Serviette	Obrúsok
Sosse	Omáčka
Teller	Tanier
Würzig	Pikantné

Restaurant #2
Reštaurácia č. 2

Abendessen	Večera
Eis	Ľad
Fisch	Ryby
Frucht	Ovocie
Gabel	Vidlica
Gemüse	Zelenina
Getränk	Nápoj
Gewürze	Korenie
Kellner	Čašník
Köstlich	Lahodný
Kuchen	Torta
Löffel	Lyžica
Mittagessen	Obed
Nudeln	Rezance
Salat	Šalát
Salz	Soľ
Stuhl	Stolička
Suppe	Polievka
Vorspeise	Predjedlo
Wasser	Voda

Säugetiere
Cicavcov

Affe	Opica
Bär	Medveď
Biber	Bobor
Elefant	Slon
Fuchs	Líška
Giraffe	Žirafa
Gorilla	Gorila
Hund	Pes
Känguru	Klokan
Kojote	Kojot
Löwe	Lev
Panther	Panter
Pferd	Kôň
Ratte	Potkan
Schaf	Ovce
Stier	Býk
Tiger	Tiger
Wal	Veľryba
Wolf	Vlk
Zebra	Zebra

Schach
Šach

Champion	Majster
Diagonal	Diagonálny
Gegner	Súper
König	Kráľ
Königin	Kráľovná
Opfer	Obetovať
Passiv	Pasívny
Punkte	Body
Regeln	Pravidlá
Schwarz	Čierny
Spiel	Hra
Spieler	Hráč
Strategie	Stratégia
Turnier	Turnaj
Weiss	Biely
Wettbewerb	Súťaž
Zeit	Čas

Schlösser
Hrady a Zámky

Drache	Drak
Dynastie	Dynastia
Edel	Ušľachtilý
Einhorn	Jednorožec
Festung	Pevnosť
Feudal	Feudálny
Katapult	Katapult
Königreich	Kráľovstvo
Krone	Koruna
Palast	Palác
Pferd	Kôň
Prinz	Princ
Prinzessin	Princezná
Reich	Ríša
Ritter	Rytier
Rüstung	Brnenie
Schild	Štít
Schwert	Meč
Turm	Veža
Wand	Stena

Schokolade
Čokoláda

Antioxidans	Antioxidant
Aroma	Aróma
Bitter	Horký
Erdnüsse	Arašidy
Essen	Jesť
Exotisch	Exotický
Favorit	Obľúbený
Geschmack	Chuť
Handwerklich	Remeselné
Kakao	Kakao
Kalorien	Kalórie
Karamell	Karamel
Kokosnuss	Kokosový
Köstlich	Lahodný
Pulver	Prášok
Qualität	Kvalita
Rezept	Recept
Süss	Sladký
Zucker	Cukor
Zutat	Zložka

Schule #1
Škola #1

Alphabet	Abeceda
Antworten	Odpovede
Bibliothek	Knižnica
Bleistift	Ceruzka
Bücher	Knihy
Freunde	Priatelia
Klassenzimmer	Učebňa
Lehrer	Učiteľ
Lesen	Čítať
Mathematik	Matematika
Mittagessen	Obed
Ordner	Priečinky
Papier	Papier
Prüfungen	Skúšky
Quiz	Kvíz
Schreiben	Písať
Spass	Zábava
Stifte	Perá
Stuhl	Stolička
Zahlen	Čísla

Schule #2
Škola č. 2

Bibliothek	Knižnica
Bildung	Vzdelávanie
Bleistift	Ceruzka
Bus	Autobus
Bücher	Knihy
Computer	Počítač
Grammatik	Gramatika
Kalender	Kalendár
Lehrer	Učiteľ
Lernen	Učenie
Lesen	Čítanie
Literatur	Literatúra
Papier	Papier
Radiergummi	Guma
Rucksack	Batoh
Schere	Nožnice
Stifte	Perá
Wissenschaft	Veda
Wochenende	Víkendy
Wörterbuch	Slovník

Science Fiction
Science Fiction

Bücher	Knihy
Dystopie	Dystopia
Explosion	Výbuch
Extrem	Extrémny
Fantastisch	Fantastický
Feuer	Oheň
Futuristisch	Futuristický
Galaxie	Galaxia
Geheimnisvoll	Tajomný
Ilusion	Ilúzia
Imaginär	Imaginárny
Kino	Kino
Orakel	Oracle
Planet	Planéta
Realistisch	Realistický
Roboter	Roboty
Szenario	Scenár
Technologie	Technológia
Utopie	Utópia
Welt	Svet

Sommer
Letné

Bücher	Knihy
Camping	Kemp
Entspannung	Relaxácia
Erinnerungen	Spomienky
Essen	Jedlo
Familie	Rodina
Freizeit	Voľný Čas
Freude	Radosť
Freunde	Priatelia
Garten	Záhrada
Meer	More
Musik	Hudba
Reise	Cestovanie
Sandalen	Sandále
Spiele	Hry
Sterne	Hviezdy
Strand	Pláž
Tauchen	Potápanie
Urlaub	Dovolenka

Spielzeuge
Hračky

Auto	Auto
Ball	Lopta
Boot	Loď
Buntstifte	Pastelky
Bücher	Knihy
Fahrrad	Bicykel
Favorit	Obľúbený
Flugzeug	Lietadlo
Kunsthandwerk	Remeslá
Lkw	Nákladné Auto
Phantasie	Predstavivosť
Puppe	Bábika
Puzzle	Hádanka
Roboter	Robot
Schach	Šach
Schlagzeug	Bicie
Spiele	Hry
Ton	Hlina
Zug	Vlak

Sport
Športové

Athlet	Športovec
Baseball	Bejzbal
Basketball	Basketbal
Bewegung	Pohyb
Eishockey	Hokej
Fahrrad	Bicykel
Gewinner	Víťaz
Golf	Golf
Gymnasium	Gymnázium
Gymnastik	Gymnastika
Mannschaft	Tím
Meisterschaft	Majstrovstvo
Schiedsrichter	Rozhodca
Spiel	Hra
Spieler	Hráč
Stadion	Štadión
Tennis	Tenis
Trainer	Tréner

Stadt
Mesto

Apotheke	Lekáreň
Bank	Banka
Bäckerei	Pekáreň
Bibliothek	Knižnica
Blumenhändler	Kvetinárstvo
Buchhandlung	Kníhkupectvo
Flughafen	Letisko
Galerie	Galéria
Hotel	Hotel
Kino	Kino
Klinik	Klinika
Markt	Trh
Museum	Múzeum
Restaurant	Reštaurácia
Schule	Škola
Stadion	Štadión
Supermarkt	Supermarket
Theater	Divadlo
Universität	Univerzita
Zoo	Zoo

Strand
Pláž

Blau	Modrá
Boot	Loď
Dock	Dok
Handtuch	Uterák
Insel	Ostrov
Krabbe	Krab
Küste	Pobrežie
Lagune	Lagúna
Meer	More
Ozean	Oceán
Regenschirm	Dáždnik
Riff	Útes
Sand	Piesok
Sandalen	Sandále
Segelboot	Plachetnica
Sonne	Slnko
Urlaub	Dovolenka

Surfen
Surfovanie

Anfänger	Začiatočník
Athlet	Športovec
Beliebt	Populárny
Champion	Majster
Extrem	Extrémny
Geschwindigkeit	Rýchlosť
Magen	Žalúdok
Mengen	Davy
Ozean	Oceán
Paddel	Pádlo
Riff	Útes
Schaum	Pena
Spass	Zábava
Spray	Sprej
Stärke	Sila
Stil	Štýl
Strand	Pláž
Welle	Vlna
Wetter	Počasie

Tage und Monate
Dni a Mesiace

August	August
Dezember	December
Dienstag	Utorok
Donnerstag	Štvrtok
Februar	Február
Freitag	Piatok
Jahr	Rok
Januar	Január
Juli	Júl
Juni	Jún
Kalender	Kalendár
Mittwoch	Streda
Monat	Mesiac
Montag	Pondelok
November	November
Oktober	Október
Samstag	Sobota
September	September
Sonntag	Nedeľa
Woche	Týždeň

Tanzen
Tancujte

Akademie	Akadémia
Anmut	Milosť
Ausdrucksvoll	Expresívny
Bewegung	Pohyb
Choreographie	Choreografia
Emotion	Emócia
Freudig	Radostný
Klassisch	Klasický
Körper	Telo
Kultur	Kultúra
Kulturell	Kultúrny
Kunst	Umenie
Musik	Hudba
Partner	Partner
Probe	Skúška
Rhythmus	Rytmus
Springen	Skok
Traditionell	Tradičný
Visuell	Vizuálny

Technologie
Technológia

Bildschirm	Obrazovka
Blog	Blog
Browser	Prehliadač
Bytes	Bajtov
Computer	Počítač
Cursor	Kurzor
Datei	Súbor
Daten	Údaje
Digital	Digitálny
Forschung	Výskum
Internet	Internet
Kamera	Fotoaparát
Nachricht	Správa
Schriftart	Písmo
Sicherheit	Bezpečnosť
Software	Softvér
Statistik	Štatistika
Virtuell	Virtuálny
Virus	Vírus

Tugenden #1
Cnosti #1

Bescheiden	Skromný
Charmant	Očarujúci
Effizient	Účinný
Entscheidend	Rozhodujúci
Geduldig	Pacient
Grosszügig	Štedrý
Gut	Dobre
Hilfreich	Užitočný
Intelligent	Inteligentný
Komisch	Smiešny
Künstlerisch	Umelecký
Leidenschaftlich	Vášnivý
Neugierig	Zvedavý
Praktisch	Praktický
Sauber	Čistý
Unabhängig	Nezávislý
Weise	Múdry
Zuverlässig	Spoľahlivý
Zuversichtlich	Istý

Urlaub #2
Dovolenka #2

Ausländer	Cudzinec
Ausländisch	Zahraničný
Camping	Kemp
Flughafen	Letisko
Freizeit	Voľný Čas
Hotel	Hotel
Insel	Ostrov
Karte	Mapa
Meer	More
Pass	Pas
Reise	Cesta
Restaurant	Reštaurácia
Strand	Pláž
Taxi	Taxi
Transport	Preprava
Urlaub	Dovolenka
Visum	Víza
Zelt	Stan
Ziel	Cieľ
Zug	Vlak

Vögel
Vtákov

Adler	Orol
Ei	Vajec
Ente	Kačica
Eule	Sova
Flamingo	Plameniak
Gans	Hus
Huhn	Kura
Krähe	Vrana
Kuckuck	Kukučka
Möwe	Čajka
Papagei	Papagáj
Pelikan	Pelikán
Pfau	Páv
Pinguin	Tučniak
Rabe	Havran
Reiher	Volavka
Schwan	Labuť
Spatz	Vrabec
Storch	Bocian
Taube	Holub

Wandern
Pešia Turistika

Berg	Vrch
Camping	Kemp
Gipfel	Summit
Karte	Mapa
Klima	Klíma
Klippe	Útes
Müde	Unavený
Natur	Povaha
Orientierung	Orientácia
Parks	Parky
Schwer	Ťažký
Sonne	Slnko
Steine	Kamene
Stiefel	Čižmy
Tiere	Zvieratá
Vorbereitung	Príprava
Wasser	Voda
Wetter	Počasie
Wild	Divoký

Wasser
Voda

Bewässerung	Zavlažovanie
Dampf	Para
Dusche	Sprcha
Eis	Ľad
Feucht	Vlhký
Feuchtigkeit	Vlhkosť
Fluss	Rieka
Frost	Mráz
Geysir	Gejzír
Hurrikan	Hurikán
Kanal	Kanál
Monsun	Monzún
Ozean	Oceán
Regen	Dážď
Schnee	Sneh
See	Jazero
Verdunstung	Odparovanie
Wellen	Vlny

Wetter
Počasie

Atmosphäre	Atmosféra
Blitz	Blesk
Brise	Vánok
Donner	Hrom
Dürre	Sucho
Eis	Ľad
Himmel	Neba
Hurrikan	Hurikán
Klima	Klíma
Monsun	Monzún
Nebel	Hmla
Polar	Polárny
Regenbogen	Dúha
Sturm	Búrka
Temperatur	Teplota
Tornado	Tornádo
Trocken	Suchý
Tropisch	Tropický
Wind	Vietor
Wolke	Mrak

Wissenschaft
Veda

Atom	Atóm
Chemisch	Chemický
Daten	Údaje
Evolution	Vývoj
Experiment	Experiment
Fossil	Fosílne
Hypothese	Hypotéza
Klima	Klíma
Labor	Laboratórium
Methode	Metóda
Mineralien	Minerály
Moleküle	Molekuly
Natur	Povaha
Organismus	Organizmus
Partikel	Častice
Pflanzen	Rastliny
Physik	Fyzika
Schwerkraft	Gravitácia
Tatsache	Fakt
Wissenschaftler	Vedec

Wissenschaftliche Disziplinen
Vedecké Disciplíny

Anatomie	Anatómia
Archäologie	Archeológia
Astronomie	Astronómia
Biochemie	Biochémia
Biologie	Biológia
Botanik	Botanika
Chemie	Chémia
Geologie	Geológia
Immunologie	Imunológia
Kinesiologie	Kineziológia
Linguistik	Lingvistika
Mechanik	Mechanika
Mineralogie	Mineralógia
Neurologie	Neurológia
Ökologie	Ekológia
Physiologie	Fyziológia
Psychologie	Psychológia
Soziologie	Sociológia
Thermodynamik	Termodynamika
Zoologie	Zoológia

Zahlen
Čísla

Acht	Osem
Achtzehn	Osemnásť
Dezimal	Desatinné
Drei	Tri
Dreizehn	Trinásť
Fünf	Päť
Fünfzehn	Pätnásť
Neun	Deväť
Neunzehn	Devätnásť
Null	Nula
Sechs	Šesť
Sechzehn	Šestnásť
Sieben	Sedem
Siebzehn	Sedemnásť
Vier	Štyri
Vierzehn	Štrnásť
Zehn	Desať
Zwanzig	Dvadsať
Zwei	Dva
Zwölf	Dvanásť

Zeit
Čas

Gestern	Včera
Heute	Dnes
Jahr	Rok
Jahrhundert	Storočie
Jahrzehnt	Desaťročie
Jährlich	Ročný
Jetzt	Teraz
Kalender	Kalendár
Minute	Minúta
Mittag	Poludnie
Monat	Mesiac
Morgen	Ráno
Nach	Po
Nacht	Noc
Stunde	Hodina
Tag	Deň
Uhr	Hodiny
Vor	Pred
Woche	Týždeň
Zukunft	Budúcnosť

Zirkus
Cirkus

Affe	Opica
Akrobat	Akrobat
Clown	Klaun
Elefant	Slon
Fahrkarte	Lístok
Jongleur	Žonglér
Kostüm	Kostým
Löwe	Lev
Magie	Kúzlo
Musik	Hudba
Parade	Sprievod
Spektakulär	Veľkolepý
Tiere	Zvieratá
Tiger	Tiger
Trick	Trik
Unterhalten	Baviť
Zauberer	Kúzelník
Zeigen	Ukázať
Zelt	Stan
Zuschauer	Divák

Zu Füllen
Vyplniť

Box	Box
Eimer	Vedro
Fass	Sud
Flasche	Fľaša
Karton	Kartón
Kiste	Prepravka
Koffer	Kufor
Korb	Kôš
Krug	Jar
Mappe	Zložka
Rohr	Trubica
Schiff	Nádoba
Schublade	Zásuvka
Tablett	Podnos
Tasche	Vrecko
Umschlag	Obálka
Vase	Váza
Wanne	Vaňa

Gratuliere

Sie haben es geschafft !!

Wir hoffen, dass euch dieses Buch genauso viel Spaß gemacht hat wie uns dessen Herstellung. Wir tun unser Bestes, um qualitativ hochwertige Spiele zu erfinden. Diese Rätsel sind auf eine clevere Art und Weise entworfen, damit sie aktiv lernen und daran Vergnügen finden.

Hat ihnen das Buch gefallen ?

Eine einfache Bitte

Unsere Bücher existieren dank der Rezensionen, die sie veröffentlichen. Können sie uns helfen indem sie jetzt eine Meinung hinterlassen ?

Hier ist ein kurzer Link, der Sie zu ihrer Bewertungsseite führt

BestBooksActivity.com/Rezension50

MONSTER HERAUSFÖRDERUNGEN !

Herausförderung 1

Bereit für ihr Bonusspiel? Wir verwenden sie ständig, aber sie sind nicht einfach zu finden. Es sind die Synonyme !

Notieren sie 5 Wörter, die sie in den untenstehenden Rätseln (Nummer 21, 36 und 76) entdeckt haben und versuchen sie für jedes Wort 2 Synonyme zu finden .

Notieren sie 5 Wörter aus Rätsel 21

Wörter	Synonym 1	Synonym 2

Notieren sie 5 Wörter aus Rätsel 36

Wörter	Synonym 1	Synonym 2

Notieren sie 5 Wörter aus Rätsel 76

Wörter	Synonym 1	Synonym 2

Herausförderung 2

Jetzt, wo sie warm sind, notieren sie 5 Wörter, die sie in jedem der untenaufgeführten Rätseln entdeckt haben (Nummer 9, 17 und 25) und versuchen sie für jedes Wort 2 Antonyme zu finden. Wie viele davon können sie binnen 20 Minuten finden ?

Notieren sie 5 Wörter aus **Rätsel 9**

Wörter	Antonym 1	Antonym 2

Notieren sie 5 Wörter aus **Rätsel 17**

Wörter	Antonym 1	Antonym 2

Notieren sie 5 Wörter aus **Rätsel 25**

Wörter	Antonym 1	Antonym 2

Herausförderung 3

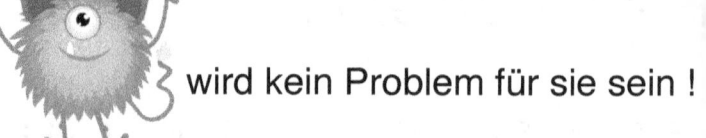

Wunderbar, diese Monster Herausförderung wird kein Problem für sie sein !

Bereit für die letzte Herausförderung? Wählen sie ihre 10 Lieblingswörter aus, die sie in einem Rätsel entdeckt haben und notieren sie sie unten.

1.	6.
2.	7.
3.	8.
4.	9.
5.	10.

Die Aufgabe besteht nun darin mit diesen Wörtern und in maximal sechs Sätzen einen Text herzustellen über eine Person, ein Tier oder ein Ort den sie lieben !

Tipp : sie können die letzten leeren Seiten dieses Buches als Entwurf verwenden

Ihr Schreiben :

NOTIZBUCH :

AUF BALDIGES WIEDERSEHEN !

KOSTENLOSE SPIELE GENIESSEN

GO

↓

BESTACTIVITYBOOKS.COM/FREEGAMES

www.ingramcontent.com/pod-product-compliance
Lightning Source LLC
Chambersburg PA
CBHW081714120626
46550CB00010B/3132